岩戸開き　ときあかし④

⦿日月神示の奥義【五十黙示録】

第四巻「龍音之巻」全十九帖

内記正時［解説］
岡本天明［原著］

ヒカルランド

五十黙示録　第四巻

龍音《りゅうおん》之巻

（全十九帖）

昭和三十六年八月三日

岩戸開き ときあかし❹
日月神示の奥義【五十黙示録】第四巻「龍音之巻」(全十九帖)

目次

五十黙示録 第四巻「龍音之巻《りゅうおん》」(全十九帖)

カバーデザイン　櫻井　浩（⑥Design）
本文仮名書体　文麗仮名（キャップス）

第一帖

この巻「龍音の巻」。続く巻五は「極《きわ》みの巻」、巻六は「至恩の巻」、巻七は「五葉の巻」ぞ。この五十《イセ》黙示の七巻は神、人共に与えたもの、一巻から続いたものぞ。同じ意を持つものが天国にもあるのであるぞ。合わせて三十巻、これで岩戸までの神示の終わりぞ、前に出した「黄金の巻」からの七巻は、人民に与えたものであるぞ。

言《こと》やめて草の片葉《かきは》も陽にのび行かな。
八十隈手《やそくまで》ゆ行きにし神は今かへります。
素盞鳴《スサナル》の命《ミコト》しらせる海原《うなはら》ぞやよ。
天ケ下おつるくまなく照らす大神。
高短《たかひき》の伊百理《いほり》かきわけきこし召《め》すらむ。
罪という罪はあらじな神の子なれば。
ひふみ百《もも》千万《ちよろず》と咲《ゑ》ます元津《もとつ》太神。

八十伴男《やそとものを》百《もも》足《た》り足りて仕えまつらむ。
行く水に清めて仕ふ極みの宮殿《みあらか》。
言霊《ことたま》の栄《さか》ゆる御歌にはらひてましを。
みそぎして祝ふ生命《いのち》ぞ弥栄ましませ。
安国《やすくに》の瑞穂《みずほ》の国と御《しら》し給いぬ。
八重雲《やえぐも》の十重《とえ》雲千別《ちわ》き天降《あも》りぬ。
千木高知《ちぎたかし》り美頭《みづ》の御殿《みあらか》咲《ゑ》み仕えなむ。
許々太久《ここたく》の罪はあらじな大岩戸あく。
四方《よも》の国咲《ゑ》み集《つど》うらし真中の国に。
よきあしき皆はらひませ士科戸《しなど》の風に。

〈考察〉

本帖は第四巻「龍音之巻《りゅうおんのまき》」の第一帖であるが、この一つ前の第三巻「星座之巻」の最終帖（第二十五帖）は、三行の神示本文とこれに続く九首の「片歌」によって構成された極めてユニークな帖であった。面白いことに、本帖もまた同様の構成であって、四行の神示本文と十七首もの「片歌」から成っている。

新しい巻になっているにも関わらず、同じような形式を採っているのは、（繰り返しになるが）やはり病弱の身を押して神示を取り次ぐ天明に対する神の思いやり、或いは労《ねぎら》いの意味が大きいのではないだろうかと思われてならない。

「片歌」の内容は、神仕組、神国（日本）、神の子（神人）、言霊、祓いなど多様なテーマが盛り込まれているが、内容的に特段目新しいものは無く、また本文との関連も見られないことから、個々の考察は控えることとする。

●神が教える日月神示構成の秘密

ということで、考察の焦点は四行の本文である。

冒頭の「**この巻『龍音の巻』。続く巻五は『極《きわ》みの巻』、巻六は『至恩の巻』、巻七は『五葉の巻』ぞ**」は、神がそれぞれの「巻」の呼び名を指定したものである。

分かり易くするため纏めておこう。

◎第四巻「龍音《りゅうおん》の巻」注：全訳本では「の」が「之」となっている（全巻とも）

◎第五巻「極《きわ》みの巻」　注：全訳本では「極めの巻」と表記されている。
◎第六巻「至恩《しおん》の巻」
◎第七巻「五葉《ごよう》の巻」

なお、第一巻から第三巻までは、それぞれの巻において個別に名称が指定されている。これも念のため纏めておこう。

◎第一巻「扶桑《ふそう》の巻」
◎第二巻「碧玉《あおたま》の巻」
◎第三巻「星座の巻」

このように、「五十黙示録」の全七巻は神によってそれぞれ名前が付けられているが、本帖には「五十黙示録」が如何なる神示なのかについても、かなり具体的に示されている。

まず「**この五十《イセ》黙示の七巻は神、人共に与えたもの、一巻から続いたものぞ。同じ意を持つものが天国にもあるのであるぞ**」とあることに注目してもらいたい。「神、人共に与えたもの」とある以上、地上世界の人間だけではなく神々も対象になっていることが明らかである。

また「一巻から続いたものぞ」の「一巻」とは第一巻「上つ巻」のことであり、ここから始まって「五十黙示録」までが「神、人共に与えたもの」ということになる。
「同じ意を持つものが天国にもあるのであるぞ」とは、神に与えるものと人民に与えるもの（日月神示）の「原型」が天国（神界）に存在しているということだと思われる。

次に「**合わせて三十巻**」とは、前述の「神、人共に与えたもの」の合計が「三十巻」であるという意味である。逆に言えば「三十巻」の神示が神と人民の両方に与えられたということになる。

そして、これら三十巻の内容を一言で表現したものが「**これで岩戸までの神示の終わりぞ**」という一節なのである。ここで「岩戸」とは、当然のこととして「岩戸閉め」と「岩戸開き」の両方を含んでいることに注意して頂きたい。「岩戸閉め」が全ての「コトの起こり」であり、「岩戸開き」によって神仕組が成就し新世界（＝ミロクの世）が到来することは、日月神示が伝える最も重大なテーマであるからだ。
つまり、この三十巻をもって「神示の終わり（完結）」だと神は仰っているのだ。

ところで、地上世界の日本に降ろされている日月神示は「全三十七巻」である（これとは別に「補巻」が二巻降ろされている）。全三十七巻のうち三十巻が「神、人共に与えたもの」であるから、残りの七巻はこれとは別の目的のために降ろされたことになる。

では、その七巻とは具体的にどの巻を指しているのだろうか？

その答えが「**前に出した『黄金の巻』からの七巻は、人民に与えたものであるぞ**」という部分である。つまり第二十四巻「黄金《こがね》の巻」から第三十巻「冬の巻」までの七巻は、人民だけに与えたもの（神示）だと示しているのである。

実際に「黄金《こがね》の巻」第一帖には同様のことがハッキリと書かれているのでご覧頂きたい。

この巻から人民の道しるべであるぞ。近いことから知らすぞ。この神示出たら、すぐ血としておいて下されよ。そなたの為《ため》であるぞ。そなたの為は人の為、世の為、三千世界の為であるぞ。この巻、黄金の巻。心の目開けよ。

（第二十四巻「黄金《こがね》の巻」第一帖）

この帖文には「**この巻から人民の道しるべであるぞ。近いことから知らすぞ**」とあるが、これが「人民に与えたもの（神示）」という意味である。人民に与えた目的は「（人民の）道しるべ」とするためであり、故に「近いことから知らす（＝身近なことから教示する）」と述べているのである。

もっとハッキリ言えば、人民の「身魂磨き」が進展するようにそのヒントを与える、ということでもある。第二十四巻「黄金《こがね》の巻」から続く七つの巻に何となく「人間臭い」帖が多く降ろされているのはこれ故である。

ではここで、日月神示全三十七巻を、「神、人共に与えたもの」と「人民のみに与えたもの」の区分で仕分けしておくので、日月神示の全体像を把握する上での参考にして頂きたい。

【神、人共に与えた神示：全三十巻】

・第一巻「上《うえ》つ巻」
・第二巻「下つ巻」
・第三巻「富士の巻」
・第四巻「天つ巻」
・第五巻「地つ巻」
・第六巻「日月の巻」

・第七巻「日の出の巻」
・第八巻「磐戸の巻」
・第九巻「キの巻」
・第十巻「水の巻」
・第十一巻「松の巻」
・第十二巻「夜明けの巻」
・第十三巻「雨の巻」
・第十四巻「風の巻」
・第十五巻「岩の巻」
・第十六巻「荒《あれ》の巻」
・第十七巻「地震の巻」
・第十八巻「光の巻」
・第十九巻「まつりの巻」
・第二十巻「梅の巻」
・第二十一巻「空の巻」
・第二十二巻「青葉の巻」

・第二十三巻「海の巻」

五十黙示録

・第一巻「扶桑《ふそう》之巻」
・第二巻「碧玉《あおたま》之巻」
・第三巻「星座の巻」
・第四巻「龍音《りゅうおん》之巻」
・第五巻「極《きわ》め之巻」
・第六巻「至恩《しおん》之巻」
・第七巻「五葉《ごよう》之巻」

【人民のみに与えた神示：全七巻】

・第二十四巻「黄金《こがね》の巻」
・第二十五巻「白銀《しろがね》の巻」
・第二十六巻「黒鉄《くろがね》の巻」
・第二十七巻「春の巻」

・第二十八巻「夏の巻」
・第二十九巻「秋の巻」
・第三十巻「冬の巻」

●「五十黙示録」は今にわかって来る宝の七巻

ここで少し補足しておきたいことがある。「神、人共に与えた神示」は全三十巻であるが、第一巻「上つ巻」から第二十三巻「海の巻」までの全二十三巻と、「五十黙示録」全七巻には、降ろされた時期に大きな違いがあることを知っておいて頂きたいのである。

第一巻から第二十三巻までは、昭和19年6月から昭和22年8月までの3年2ヶ月の間にほぼ連続して降ろされているが、五十黙示録は何とそれから14年近くも経った昭和36年5月になってから降ろされているのである。何故これほど間が空いているのだろうか?

私の考えでは、全体の内容から見て日月神示に込められた神仕組は、第一巻から第二十三巻までの記述でほとんど完結しているからだと思っている。つまり「神、人共に与えた神示」は、ここで終わっていてもおかしくないということが言えるのである。

それなのに、その後14年近くも経ってから「五十黙示録」が降ろされているのは何故なのだろうか？

実はこれについては、第二十三巻「海の巻」の最後の帖（第十九帖）に次のような「予告」が降ろされているのである。

二十三巻でこの方の神示《ふで》の折々《おりおり》の終わりざぞ、後《あと》の七つの巻《まき》は宝としてあるのざぞ、今にわかりて来るぞ、合わせて三十の巻、それが一つの節ざぞ

（第二十三巻「海の巻」第十九帖）

右の神示には「**二十三巻でこの方の神示《ふで》の折々《おりおり》の終わりざぞ**」とあるように、第一巻から第二十三巻までで日月神示の降下は一区切りついたことを神ご自身が宣言されている。つまり、この段階で降ろすべき神理や神仕組についてはすべて降ろし終えたということだ。

ところがこれに続いて、「**後《あと》の七つの巻《まき》は宝としてあるのざぞ**」と示されているように、いずれ「宝となる七つの巻」を降ろすことがこの段階で「予告」されているのである。予告された七巻とは、勿論、「五十黙示録」のことである。

そして「**宝**」と言うからには、それに含まれる神理や神仕組はより深遠かつ高度なものであり、当然ながらその解読解釈もより困難になることは容易に想像されることだ（実際にその通りであることは、これまでの考察で十分明らかになっている）。

このような事情であるから、日月神示をロクに知らない者がいきなり「五十黙示録」に挑戦しても、それは小学生が高校や大学の教科書を見るようなもので、到底理解することは出来ない相談なのである。

「宝」を得るには、まずは第一巻から第二十三巻に降ろされている神理や神仕組の大枠を理解することが絶対に必要である。その中でも「基本十二巻」は最も重要である。

なお「宝となる七つの巻」がいつ降ろされるかについては、「**今にわかりて来るぞ**」とあるだけで具体的なことは書かれていない。実際には、第二十三巻が完結して約14年も経ってから「五十黙示録」が降ろされているので、神の計画が如何に遠大であるかを垣間見ることが出来るではないか。

第二帖

八束穂《やつかほ》の十束穂《とつかほ》とこそ実らせ給え。
みかのはらみて並べてぞ天地《あめつち》の座に。
御服《みそ》輝《かが》し明妙《あか》照妙《てる》和妙《にぎ》風のまにまに。
巫《かむなぎ》の大《おお》御心《みこころ》のまま弥栄へむ。
千木千木し瑞《みづ》の御舎《みあらか》仕えまつらむ。
御《おん》宝前に宇豆《うづ》の幣帛《みてくら》たたえまつ栄。
大神の咲《ゑ》みに弥栄ゆ生国足国《いくくにたるくに》。
狭《さ》き国は広く峻《さか》しき国は平に。
日のみかけ百島千島《ももしまちしま》おつるくまなく。
青雲のたなびく極み座《し》きます宝座《みくら》。
甘菜辛菜《あまなからな》地の極みまで生《いき》ひて尚《なお》生ゆ。
見はるかす四方《よも》の国みなえらぎ賑《にぎ》はう

ない。

〈考察〉

第二帖はご覧の通り十二首の「片歌」だけで構成されている。第一帖にも九首が降ろされ、本帖に至っては何と十二首も降ろされているから合計二十一首となる。非常に多いと言うしかない。

既に述べた通り「片歌」には、これを歌うことによって「言霊」としての働きがあるが、私はそれ以上に、神が病弱の天明を労《ねぎら》って降ろしたものであろうと考えて来たし、それは今でも変わっていないが、第一帖と第二帖にこれほど大量にしかも集中して降ろされていることには、単なる「労い」以上のものが感じられてならない。

私は第三巻「星座之巻」第二十五帖の考察において、同帖に九首もの「片歌」が一度に降ろされているのは、この時の天明の体調はかなり悪かったため、神は天明に9首の「片歌」を贈り、体調がよくなるまで休ませたのかも知れない、と述べた(このように推理したのは、五十黙示録の各巻が降ろされた時間的間隔を比較してのことであった)。

第四巻「龍音《りゅうおん》之巻」に入ってすぐに、これほど大量の「片歌」が一度に降ろされていることは、前記の私の推測を補強してくれるもののような気がしてならない。天明がこのような状態になっていたことを想定すれば、大量の「片歌」が降ろされた背景が見えそうな気がするのである。

この時の神の立場に立てば、五十黙示録は全七巻のうちまだ三巻までしか降ろしておらず、残りがまだ四巻も残っているため、天明にはもっともっと頑張って貰わなければならないことは必然であったはずだ。

そこで神が採った方法とは、ひとまず天明に休息を取らせて体調を回復させると共に、回復後の神示取次ぎのための「元気薬」として多くの「片歌」をプレゼントすることではなかったか？　と思われるのである。

読者からは「お前、それは屁理屈、考え過ぎだ」と言われそうである。確かにそうかも知れないが、それでも長く日月神示を研究して来た者としての嗅覚では、このように推理したくなるのが本当の所だということを表明しておきたい。

話は変わる。

今だから正直に申し上げるが、「片歌」のことなど全く知らなかった当時の私にとっては、これらが一連の文章（神示の帖文）であって、そこには何らかの神理や神仕組が書かれているはずだと思い込んでいた。そのつもりで読んでは見たが全く意味が理解出来ず、解読も解釈も完全にお手上げであった。

当然である。これらは一連の文章ではなく、五七七の律を基本とする「片歌」の集合体であったからだ。意味を考えるなら「片歌」の一首ごとに見て行かなければならないのである。

よって本来なら一首ごとに詳しく解説出来れば最良なのだが、残念ながら、私自身は片歌を含む日本古来の和歌についてはズブの素人であって、元よりそのような知見も能力もないのが実情である。

第一巻「扶桑《ふそう》之巻」では、片歌についてにわか仕込みの情報を集めてあれこれ述べて来たが、これ以上のことは出来かねるというのが本音である。

幸いと言うべきか、五十黙示録において「片歌」は片歌として独立しており、その帖の本文とは直接的な繋がりや関係性は見当たらない。このことから、今後片歌が登場した場合であっても、「片歌」そのものの考察に特段の労力を注ぐことは、必要がない限り控えるつもりであるのでご承知おき願いたい。
総じて言えることは、これらの「片歌」には新世界（＝ミロクの世）の到来を待望する心情が込められているのは確かなことなので、興味のある読者は個人的にじっくりと味わって頂きたい。

第三帖

世界中が霊かかりとなると申してあるのは今のことであるぞ、かかりている世界自身わからなくなっているぞ、審神《サニワ》せねばならん、審神の方法書き知らすぞ。世界を、日本を、自分を審神せねばならん。

目に見えぬところからの通信は、高度のものほど肉体的には感応が弱くなり、暗示的となるものであるぞ、ドタンバタン、大声でどなり散らすのは下《げ》の下、神もフトマニに従わねばならん。順を乱すわけには参らん。高度の霊が直《ただ》ちに肉体人に感応《かんのう》することはなく、それぞれの段階を経《へ》て感応するのであることを忘れてはならんぞ、下級霊は現実界と紙一《かみひと》重《え》のところに住んでいるのであるから、その感応は極めて強く、如何《いか》にも尤《もつと》もらしく人民の目に映るものであるぞ、高度のものは、その人民のミタマの如何《いかん》によって、それと同一波長の神霊に伝達され、その神霊の感応によって表現されるのであるぞ。特別の使命をもつ天使は、最下級の霊界まで降って来て、人民に特別な通信をなし、指示することもあるぞ。また天使の霊が母体に宿り、人民として生まれてくることもあるぞ、末世にはこの種の降誕人《こうたんじん》が沢山あるぞ。

〈考察〉

●何故「審神《サニワ》」が必要なのか？

第四巻「龍音之巻《りゅうおんのまき》」は、ひと言で言えば「審神《サニワ》」について纏まった記述が降ろされている巻である。そしてその内容は、本帖（第三帖）から始まっている。

そもそも「審神」を字義通りに解釈すれば「神を審判する」となるから、「何と恐れ多いことか」とか、「人間にそんなことが出来る訳がない、傲慢だ」などと言う者もいるかも知れない。しかし実際には、本当に「神を審判する」と言ってもあながち間違いではないのである。

心霊研究においては、自分の体に自分以外の者の霊魂を宿し、その霊魂に色々なことを語らせることが出来る能力者のことを「霊媒《れいばい》」と呼んでいる。そして霊媒の体に入った霊魂と対峙して直接会話し、その霊魂の真偽、或いは霊格、また語る内容の信憑性などを判断することを「審神《さにわ》」と言い、そのような人物を「審神者《さにわ》」と称するのである（「審神」も「審神者」も「さにわ」と呼称するのが一般的である）。

要するに「龍音之巻」は、我々臣民に「審神のための基本的な知識」を教示するために降ろされた巻なのである。本帖以降は最後まで「審神」に関する内容が続いている。

ではそもそも何故「**審神《サニワ》せねばならん**」のか？ と言えば、それは冒頭に「**世界中が霊かかりとなると申してあるのは今のことであるぞ、かかりている世界自身わからなくなっているぞ**」とあることに集約されている。

つまり世界中で霊による憑依現象（＝霊かかり）が起こっているが、人民にはその霊の正体が分からないまま蔓延《はびこ》っているため、それによって（霊的な意味で）世界中が混乱している（＝わからなくなっている」）からなのである。

●近代における心霊主義の勃興《ぼっこう》

少し横道に入るが、「審神」に関連する予備知識を得るために、「心霊主義」の勃興について歴史的な背景をざっと振り返っておこう。

「心霊主義」というものがあるが、これは人間が「肉体」と「霊魂」から構成されていると捉えることが前提となっていて、肉体が消滅しても霊魂は存在し続けるから、現世の人間が霊魂（死者）と交信（コミュニケーション）出来るとする考え方に基づく主義（思想）のことである。勿論このことは、日月神示的に見ても間違いではない。

大事なポイントは、「現世の人間とあの世の霊魂が交信出来る」ということであって、本帖で「霊かかり」と述べているのは、交信の手段として霊魂が現世の人間に憑《か》かることを表しているのである。

「心霊主義（英語では「スピリチュアリズム」）」という言葉は、19世紀半ばにアメリカで生まれたとされている。当時のアメリカでは、霊魂と交信・交流出来るという霊媒師が続々と出現し、各地で交霊会などが開かれるようになり、それが拡大して19世紀後半には全盛期を迎えるまでになった。

そしてこの潮流は大西洋を渡ってヨーロッパにもたらされ、心霊ブームが拡散されることとなったのである。中でもイギリスでは最も盛んになり、１８８０年代には心霊現象を研究する学術団体「心霊現象研究協会」が設立され、初めて科学的な方法論に基づく調査研究が行なわれている。

また19世紀末から20世紀にかけては、あの世の「高度な霊的存在」が霊媒を通して深遠な霊的知識や真理を一般人に伝えるという現象も起こり、それらが記録され、やがて書籍となって数多く出版されていることは特筆すべきことである（日本でも翻訳出版されている）。

代表的な例としては、ウィリアム・ステイントン・モーゼスの『モーゼスの霊訓』（１８８3年）、ウイリアム・トーマス・ステッドの『ジュリアの音信』（１９１4年）、ジョージ・ウェール・オーウェンの『ベールの彼方の生活』（１９２1年）、ジェラルディン・カミンズの『マイヤースの通信』（１９３2年）、グレース・クックの『ホワイトイーグル』（１９３7年）、モーリス・バーバネルの『シルバーバーチの霊訓』（１９３8年）などがある。

私自身も、これらのうち何冊かを読んだことがあるが、総じて玉石混交という印象であった。ただその中では『シルバーバーチの霊訓』は極めて格調が高く、高度な霊的知見が書かれていると信じられるものであって、私を心霊の世界に誘ってくれた良書だと思っている。

以上は外国の状況であるが、日本にも１９２０年代に心霊主義の流れが到来し、日本の新興宗教界に大きな影響を与えている。当時伝来した交霊術のひとつ「テーブル・ターニング」がアレンジされて「コックリさん」として広まった他、「守護霊」や「地縛霊」などの概念もヨーロッパの心霊主義から流入したものと言われている。

また、浅野和三郎が「心霊科学研究会」を設立（１９２３年）して日本における心霊主義の基礎を確立し、欧米の心霊研究を本格的に日本に紹介したことはこの分野では特に有名である。浅野はまた、当時もっとも実践的な心霊研究をしていた出口王仁三郎の「大本」に入信し、教団内では有力な信徒・論客として活躍している（ただし大正10年の第一次大本事件による大弾圧の後、浅野は大本を離れている）。

その「大本」では神人交流の方法を「鎮魂《ちんこん》帰神《きしん》法」と称しているが、浅野和三郎はこの方法を布教のための有力なツールとして取り入れている。具体的には「鎮魂帰神法」の最中に起こる様々な現象を、「大本」の機関紙であった『大正日日新聞』に「神秘の扉」と題して発表したことだが、これが世間の大きな注目を集めることになったのである。

この時の霊媒として白羽の矢が立ったのが、他ならぬ「岡本天明」その人である。霊媒役となった天明には色々な霊体が憑かり、浅野らがこれと相対する審神者《さにわ》となって色々な質問をすることにより、霊的な中身を引き出すというものであった（この状況が新聞記事として掲載されたのである）。

「大本」を離れた天明が日月神示を降ろすようになると、多くの同志が彼の下《もと》に集まって来たが、彼らの多くは「心霊大好き人間」であって、天明に対して盛んに「交霊実験」を催促したため、天明もこれに応えて数多くの霊的な交信を行わざるを得なくなっていた。

とは言え、このような場に出現する霊は「低級霊」や「動物霊」がほとんどであって、得られる情報は真偽のほども不確かなロクでもないものばかりであった。

以上のように、近代の心霊主義は現世の人間があの世の霊魂と交流（交信）が出来るという考え方をベースにして欧米中心に広まり、日本にも入って来たのである。一部には心霊現象を科学的に研究しようとする流れもあったが、如何せん「体主霊従」に堕ちている人間が「客観的かつ高度な霊的な真理」だけを追究しようとするはずもなく、ほとんどが興味本位或いは現世御利益《げんせごりやく》を目的としたものであった（天明の同志たちもそうであった）。

何よりも恐いのは、このような霊的交流の場に降りる霊のほとんど全ては「低級霊、邪霊、動物霊」であるということだ。このような霊が人間に高度な霊的真実を伝えることなど出来る訳がないのである。「体主霊従」の人間と交信する霊もまた「体主霊従」だからである。

以上述べたことを、予備知識として頭に入れておいて頂きたい。

●霊かかりは下級霊ほど感応が強く尤《もっと》もらしく見える

本帖の第二段落以降は「審神《さにわ》」に関する具体的な例示である。五十黙示録にしては文章が平易であり極めて分かり易いものばかりであるから、内容について特段の説明は必要ないほどである。まずは本帖の重要なポイントを纏めておこう。

◎高度な霊界通信ほど肉体的感応が弱くなり、その内容は暗示的となる。
◎下級霊の感応は極めて強く、しかも尤《もっと》もらしく人民の目に映る。
◎高級霊の通信が人間に伝達される時は、霊的な段階を介して行われる（大原則）。
◎特別な使命を持つ天使は、最下級の霊界に降りて直接人間に通信（指示）することがある。
◎末世には天使の霊が母体に宿り、人間として生まれることが多くある。

大分前のことになるが、テレビで「心霊現象」が大流行したことがあった。そこに登場する霊体の振る舞いは確かに「**ドタンバタン**」であり、また「**大声でどなり散らして**」いるものが多かったことを読者も覚えておられるだろう。これなどは典型的な「下級霊、動物霊」の類《たぐい》である。

また私事であるが、かれこれ20年以上も前のこと、有名な霊能者がいるから行って見ようと友人に誘われてそこを訪れたことがある。交霊が始まってトランス状態（らしきもの）に入ったその霊能者が最初に口走ったひと言が傑作だった。

その者は大きな声でこう言い放ったのである。

「我こそはアマテラスオオミカミであるぞ」と。

私が一瞬にして醒《さ》めてしまったことは、言うまでもない。

●天明に対して強制的な「自動書記」が起こった理由

ここで極めて重要なことを補足しておかなければならない。それは「日月神示」はどのようにして岡本天明に伝達されたのか？　ということについてである。

こんなことを言うと、それは「自動書記」ではないかと返されそうだが、コトはそんなに単純ではないのである。何故ならそれは「強制的な自動書記」であったからだ。天明が「自動書記」によって日月神示を降ろしたことは歴然としているが、神示の初発が降ろされた時にはとんでもない「強制力」が働いたのである。その時の状況は次のようなものだった。

> 昭和19年6月10日、千葉県麻賀多《まかた》神社、天明が参拝を終え社務所で休憩していた時、突然額に熱く強い霊動《れいどう》を感じ、次いで右腕にも抵抗できないほど強い霊動と激しい痛みを生じた。たまらず写生用に携帯していた矢立《やたて》から筆を取り出し画仙紙《がせんし》に向かうと、強制的な自動書記が始まったのである。天明が預言者として選ばれた瞬間はこのようなものであった。
>
> （『玉響《たまゆら》』掲載の拙記事【第37回】より抜粋引用）

日月神示の初発降下の時にはこのような「強制力」が働いたのであるが、よく考えれば、これは前述の「審神」の具体例に照らして矛盾しているように見えるではないか？　何故なら、日月神示は高級神界の「国常立大神」が降ろしたものであるから、その神がこのような暴力的な手段を使うはずがないからである。

本帖には「**高度な霊界通信ほど肉体的感応が弱くなり、その内容は暗示的となる**」とハッキリ示されているのだ。ところが実際には、天明はこれとは真逆の圧倒的な力で強制されているのだから、日月神示は下級霊が降ろした「下《げ》の下《げ》」の産物と判断されても仕方がないということになってしまう。この矛盾をどう解くか？　ということなのだ。

そのヒントは、前述の「審神」の具体例の中で「**特別な使命を持つ天使は、最下級の霊界に降りて直接人間に通信（指示）することがある**」にあると考えられる。

日月神示を降ろすことは、「岩戸開き」を進展成就させるため核心となる最重要なことであって、これに失敗することは絶対に許されるものではなかった。このため国常立大神の命《めい》を受けた「特別な使命を持つ天使」が最下層の霊界まで降りて来て、天明に直接通信を送ったと考えられるのである。

天明に「暴力的な力」が働いたのは、その通信を必ず成功させなければならなかったという神界側の事情があったことを想定すれば矛盾なく解決する。

国常立大神には十柱《とはしら》の眷属《けんぞく》神が付き従っているが、「特別な使命を持った天使」とはおそらくその中の「龍神」であろうと思われる。神示初発が降りた千葉県成田市を含む関東一円を守護しているのは龍神（赤城龍神）だと昔から伝わっていることも無関係ではないだろう。命《めい》を受けた「龍神」の立場にして見れば、「天明は頑固者で日月神示の自動書記をガンとして拒んだため失敗しました」などと国常立大神に報告出来る訳がない。どんな手段を使ってでも自動書記させせなければならなかったのである。

ところで今、「天明は頑固者でガンとして拒んだ……」と書いたが、これは単なる推測ではなく真実の情報を含んでいる。日月神示の初発が強制的な自動書記になったことには、天明の側にも大きな原因があったのである。

どういう事かと言うと、前述の通り、天明は大本教団の「鎮魂帰神法」における霊媒の役目を果たしていたが、自分に憑かる霊が「低級霊」や「動物霊」ばかりであったため、天明自身もウンザリして敬遠するようになったと伝えられていることだ。要するに天明は、霊媒をやることに嫌気《いやけ》がさしていたのである。

従って、麻賀多神社で自分に霊が憑かる気配や兆候を感じた時の天明は、おそらくこれまでと同じようにロクでもない霊だろうと思って、意識的に抵抗し拒否しようとしたであろうし、それはそれで天明にとっては自然なことだったと思われる。

しかし一方の「特別な使命を持った天使（龍神？）」も国常立大神の命令を受けているから、何としても天明に自動書記をしてもらわなければならない事情があったのだから、ここに抵抗し拒否する天明と、何としても自動書記させなければならない天使（龍神？）の間に相克が生じたと考えられるのである。

その結果は天使（龍神？）の勝ちとなったが、これが強制力を伴った自動書記になったことの背景事情であろうと私は考えている。

●マコトの者は千人に一人

さらにもう一つ補足しておきたいことがある。本帖の最後に「**末世には天使の霊が母体に宿り、人間として生まれることが多くある**」と示されていることに注目して頂きたい。

現在の我々は、疑いもなく「末世」の中に生きているが、この時節には「天使が人間として生まれることが多い」とある。そして「天使」であるからには、必ず特別な使命と役割を持って生まれて来るのは当然である。そうでなければ人間として生まれる意味がない。

本帖にはこれ以上のことは書かれていないが、これに関連するものとして、私は次の神示に注目している。

マコトの者は千人に一人ざぞ

（第八巻「磐戸の巻」第十二帖）

これは非常に短い神示であるが、「**千人に一人のマコトの者**」とは「地上に生まれた天使」と考えてよいのではないだろうか？　これは私の直観である。

「マコトの者（天使？）」は、「特別な使命」を持ってこの地上世界に生まれて来るのであるから、神仕組を推進する役割を持つ多くの「因縁の身魂」の中でも、指導的立場或いは中心的な役割を有する者であろうと思われる。

この意味から、岡本天明は当然「（千人に一人の）マコトの者」であろうし、彼の同志として日月神示の翻訳と解読、或いは神業（神祀り）に奉仕した者も含まれると考えてよいかも知れない。さらに過去では、日月神示の先行霊脈とされる「黒住教、天理教、金光教、妙霊教、大本」の開祖（教祖）や中心となった人物も該当するであろう。

勿論、現代においても「マコトの者」は存在し、黙々と使命を果たしているはずである。「千人に一人」とは、割合で言えば「0・1%」であるが、これは丁度「一厘」のことでもある。「一厘の仕組」の中には、「千人に一人のマコトの者」の働きが含まれているのであろうか？

第四帖

○（霊）界と申しても神界と幽界に大別され、また神界は天国と霊界に分けられ、天国には天人、霊界には天使が住み、幽界は陽界と陰界に分かれ、陽霊人、陰霊人とが居る、陽霊人は人民の中の悪人の如《ごと》く、陰霊人は善人の如《ごと》き性を持っているぞ。高い段階から申せば善も悪も、神界も幽界もないのであるが、人民の頭でわかるように申しているのであるぞ。幽界は本来は無いものであるが、人民の地獄的想念が生み出したものであるぞ。

〈考察〉

●「〇（霊）界」を人民の頭でわかるように区分する

本帖は俗にいう「あの世」、つまり「〇（霊）界」の構成について述べている。帖文自体は特に難しいものではなく、そのまま素直に読むことが出来るので、まずは〇（霊）界の構成について纏めて見よう。次のようになる。

【〇（霊）界の構成】

◎神界　→　天国（天人が住む）
　　　　　霊界（天使が住む）

◎幽界　→　陽界（陽霊人：悪人のような性）
　　　　　陰界（陰霊人：善人のような性）

一応右のようになるが、注意すべきはこの分け方が「**人民の頭でわかるように申している**」と明示されていることだ。「人民の頭でわかるように」とは、要するに「ハッキリ仕分け区別して示す」ことであろう。或いは明確な「境界」を示すか「線引き」をすることとも言える。

確かに、雲を摑むような「あの世」の構成を人民に分かり易く説明するには、このようにするのがベストだと思われるが、これはあくまで便宜的な手段（方便）である。

これを第四帖に登場した「審神《さにわ》」の観点から見ると、地上人が霊人と交流交信する割合は、「天国（天人）」は極めて稀であり、「霊界（天使）」はこれに次いで稀であり、ほとんど全ては「陽界（陽霊人）」や「陰界（陰霊人）」である、ということになる。

人間心では、誰でも「天人」や「天使」との交信を望むであろうが、そのようなことはまず期待出来ないということだ。

では「人民の頭でわかるように」という配慮を取り除けば、「〇（霊）界」の構成はどのように説明されているのだろうか？　それが「**高い段階から申せば善も悪も、神界も幽界もない**」ということになり、これが霊的な真実だということになる。つまり、物理的な仕分けも区別も境界も線引きも何もないということだ。それでいて、「神格、霊格」の違い（高い低い）

はチャンとあるのが「〇（霊）界」なのである。

霊界はよく波動の世界とも言われている。波動が高い（細かい）霊ほど神格・霊格が高く、波動が低い（粗い）霊ほど低くなると説明されるが、それは波動には物理的な境界や線引きがなく、ただ波動の精粗が連続的に変化しているからであろう。

よい例が空に架かる「虹」である。我々はよく「七色の虹」と言う。七色とは「赤、橙、黄、緑、青、藍、紫」のことであるが、ではこの七つの色の間に線引きして、ハッキリと仕分け（区別）することは出来るであろうか？「赤」はここまで、「橙」はここまで……という具合に線引きが出来るか？ということである。

勿論、主観的な線引きは可能だが、これでは十人いれば必ず十通りの線引きになる。つまり七色と言いつつ、その範囲は人によってバラバラであるということだ。

何故こうなるのか？ と言えば、虹とは光が水滴によって分光し波長の順に並んでいる現象であるが、前述した通り波動は連続していて境がないからである。境はないが目に見える性質（つまり色）は異なっている。

それでも何とかしてハッキリした境を定めようとするならば、それは七色の波長の範囲を「約束事（定義付け）」として決めなければならない。つまりこれは、人間にとっての便宜的方法である。

便宜的方法ではあるが「人民の頭でわかるように」なっている点において、これは先の「〇（霊）界」の構成を区分したこととよく似ていることが分かるだろう。

なお「〇（霊）界」の本質的な事柄については、第十七巻「地震の巻」でも詳しく述べられているので、参考のため主なものを4例挙げておこう。

われわれの一切は生まれつつある。神も、宇宙も、神羅万象《しんらばんしょう》の悉《ことごと》くが、常に生まれつつある。太陽は太陽として、太陰は太陰として、絶えず生まれ続けている。一定不変の神もなければ、宇宙もない。常に弥栄えつつ、限りなく生まれに生まれゆく。過去もなければ、現在もなく、未来もない。

（第十七巻「地震の巻」第一帖）

天界も無限段階、地界も無限段階があり、その各々の段階に相応した霊人や地上人が生活し、歓喜している。その霊人たちは、その属する段階以外の世界とは、内的交流はあっても、全面的交流はないのである。何故ならば、自らなる段階的秩序を破るからである。秩序、法則は、神そのものであるから、神自身もこれを破ることは許されない。

（同巻第二帖）

同気同類の霊人は、同一の情態で、同じ所に和し、弥栄え、然《しか》らざるものは、その内蔵するものの度合に正比例して遠ざかる。同類は相集まり、睦び栄ゆ。

（同巻第四帖）

生前の霊界は、愛の歓喜、真の歓喜、善の歓喜、美の歓喜の四段階と、その中間の三段階を加えて七つの段階にまず区分され、その段階において、その度の厚薄によりて幾区画にも区分され、霊人の各々は、自らの歓喜にふさわしい所に集まり、自ら一つの社会を形成する。自分にふさわしくない環境に住むことは許されない。否、苦しくて住み得ないのである。

（同巻第八帖）

ここに挙げた4例の帖文のうち、最後の帖（「地震の巻」第八帖）には霊界の段階について**「四段階……中間の三段階を加えて七つの段階……厚薄によりて幾区分にも区分され……」**とあり、本帖で述べている「天国、霊界、幽界」の区分とは異なる示し方をしていることに気が付かれただろうか？　ここでは霊界を「愛、真、善、美」の概念で見た場合の区分を述べていて、「愛、真、善、美」の四つとその間の三つを合わせて七つの段階と説いている。

両者の説き方が異なっている場合、我々はどちらが正しいか？　ということに焦点が行きがちだが、これは正しいとか正しくないという問題ではなく、人民に説く場合の便宜的な表現方法の違いと捉えるべきものである。その意味では、どちらも正しいのである。

ただ霊界の実相としては、二つ目の帖（「地震の巻」第二帖）にあるように**「天界も無限段階、地界も無限段階」**と捉えることが最も本質に適っているであろう。

なお五十黙示録の考察において、私は第十七巻「地震の巻」の中から関連する帖文を頻繁に引用しているが、これは「地震の巻」が「霊界情報の宝庫」だからである。読者においても是非親しんでもらいたい。

●「幽界」は人民の地獄的想念が生み出した世界

本帖最後の、**「幽界は本来は無いものであるが、人民の地獄的想念が生み出したものであるぞ」**は重要な神理である。「幽界は本来はない」とは、「世の元の大神」様が生んだ世界ではないということである。

それを生み出したのは「人民の地獄的想念」であることから、人民の想念による二次的な産物と考えればよいだろう。とは言え、人民にとっては「地獄」そのものであることに変わりはない。人民に「地獄的想念」が生ずる理由は、「岩戸」が閉められ、ほとんど全ての人間が「体主霊従、我れ善し」の性来に堕ちているからである。

なお「地震の巻」にも関連事項が降ろされているので、次に挙げておく。

地獄はないのであるが、地獄的現われは、生前にも、生後にも、また死後にもあり得る。しかし、それは第三者からそのように見えるのであって、真実の地獄ではない。大神は大歓喜であり、人群万類の生み主であり、大神の中に、すべてのものが生長しているためである。

（同巻第十七帖）

「真実の地獄はない」と明言されていることに注目されたい。

第五帖

幽界は人間界と最も深い関係にあり、初期の霊かかりのほとんどはこの幽界からの感応によることを忘れるでないぞ。霊かかりの動作をよく見極めればすぐわかる。高ぶったり、威張《いば》ったり、命令したり、断言したり、高度の神名を名乗ったりするものは必ず下級霊であるぞ、インチキ霊であるぞ、インチキ霊にかかるなよ、たとえ神の言葉でもなお審神せよと申してあろう。迷信であってもそれを信ずる人が多くなれば、信ずる想念によって実体化し、有力な幽界の一部をつくり出すことがあるから気つけておくぞ。無きはずのものを生み出し、それがまた地上界に反映してくるのであるから心して下されよ。今の人民九分九厘は幽界とのつながりを持つ、胸に手を当ててよくよく自分を審神せよ。

〈考察〉

●幽界は人間界と最も関係が深い

本帖は「**幽界**」について詳細に述べている。「幽界」は前帖（第四帖）でも登場したが、要するに「本来は無い」ものであるが、「人民の地獄的想念によって二次的に生まれたもの」のことである。「本来は無い」とは、「世の元の大神」様が生んだものでない、という意味である。何れにしろ、「幽界」は人間の地獄的想念の産物であるから、人間界と最も関係が深いことは言うまでもない。

スピリチュアルの世界でよく言われることに、「想念は現実化（実体化）する」とか「強く念ずれば念ずるほど、そのことが現実に起こり易くなる」というものがある。読者も見聞きしたことがあるだろう。確かにこのこと自体は間違いではないが、「体主霊従」の者が強く念ずることは、大方がロクなものではなく、「お金が欲しい」などはその典型だと思う。

少し横道に入るが。以前私は、「お金が欲しい」と一生懸命念じているのに、さっぱりお金に縁がないとかなり真剣に悩んでいる人と話したことがある。その人は「私の念じ方が足りないのでしょうか？」と問いかけて来たのである。

私は「そのような念じ方では絶対にお金持ちになれません」と回答した。

その人はキョトンとして、訳が分からないという表情で説明を求めて来た。

「お金が欲しいとはお金がある状態ですか？　それとも無い状態ですか？」と私。

「勿論無い状態です」、とその人。

「そうですね、お金が欲しいとはお金が無い状態の裏返しですよね。つまりお金が欲しいと念ずることは〝お金がない状態〟を念じていることになるのです。ですから強く念ずれば念ずるほど、お金とは縁がないことになります。念じ方が間違っているとはそういうことです」と私。

このような私の説明と聞いてその人は納得したようであったが、その後どうなったかは知る由もない。

●幽界では想念波動が容易に実体化する

以上は「この世的な話」であるが、これが「あの世」になれば、人間の想念はいとも簡単に実体化して、そのような想念波動の世界を生み出すのである。それが「幽界」である。

しかもそれは、同じような想念を持つ者の数が多いほど想念は強くなり、「あの世」の勢力範囲も大きくなる。

本帖ではこのことを「**迷信であってもそれを信ずる人が多くなれば、信ずる想念によって実体化し、有力な幽界の一部をつくり出すことがあるから気つけておくぞ**」と説いている。「幽界」とは人間の地獄的想念が実体化した世界であるから、第三者から見れば、まるで地獄に見えてしまうことも不思議ではないが、（何度も言うが）それは「真実の地獄」ではない。「世の元の大神」様は決してそんなものを生み出されないからだ。

このようにして「幽界」は生まれるが、生まれただけで何も悪さをしないのであれば、特段の問題はないと言えるかも知れないが、実際にはそうではない。「**無きはずのものを生み出し、それがまた地上界に反映してくるのであるから心して下されよ**」とある通り、地獄的想念が地上世界に影響を与えることになるから始末が悪いのである。

「無きはずのものを生み出す」とは、例えば恨みを持って死んだ者が幽霊になるとか、浮遊霊や地縛霊になって地上世界の人間に悪さをするようなことであろうか？　視野を広げれば、閻魔大王が支配するとされる地獄界なども、本来は「無きはずのもの」と言えるように思われる。

これらは「本来無い（存在しない）」のであるが、人間の想念が「あの世」で実体化するために生まれる副産物なのである。従って死んで幽界に行った者にとっては、たとえそれが副産物であっても地獄界を経験することになる。人間の想念とは、このように強力な創造力（生み出す力）を持っているのである。

●下級霊（インチキ霊）の見分け方

さて、幽界がどのように地上界（人間界）に反映（影響）するかについては、本帖の中に具体的に示されている。次のような動作をする「霊かかり」は、間違いなく「下級霊」であり「インチキ霊」である。ロクなものではない。

◎高ぶる
◎威張《いば》る
◎命令する
◎断言する

◎高度の神名を名乗る

一昔前、心霊現象がテレビで大ブームになったことをご記憶だろう。霊が見えるとか霊と話せるとか、さらには除霊（浄霊）も出来るとかなんとか……、このようなもののほとんど全ては「無きはずのもの」が実体化していることに気付かず、インチキ霊に遊ばれている（或いはバカにされている）ということであろう。

中には「私は幽界なんかと関りをもつことはない」と豪語する者がいるかも知れないが、ほとんどの場合、それは誤りである。何故なら「**今の人民九分九厘は幽界とのつながりを持つ**」と示されているからである。つまり、幽界と同じように「体主霊従」の波動を持っているということであり、だからこそ「**胸に手を当ててよくよく自分を審神せよ**」と示されているのである。

第六帖

霊的良識は、神示や神典類によって、また体験によって養われ、また高度な科学書も参考となるものぞ、科学を馬鹿にしてはならん。幽界の霊であっても高度のものともなれば、神界の高級神霊と区別することが難しいぞ。初歩の審神者《さにわ》の誤りやすいところであり、また霊眼するものの誤りやすいところ、注意しなければならん、例えば霊光の如きものも強く大きくてなかなかに審神出来ないぞ。

〈考察〉

本帖は、二つのテーマが降ろされている。一つは「**霊的良識**」を養う方法、もう一つは「**高級神霊と区別が難しい幽界の霊**」についてである。以下、個別に見て行こう。

●霊的良識を養う方法

「霊的良識」とは、正しい霊的情報、或いはレベルの高い良質な情報というほどの意味であり、神界の天人や天使などからもたらされる情報のことだと思われる。そのような霊的良質情報を得る方法として、本帖は三つ挙げている。次のものだ。

◎神示や神典類
◎体験
◎高度な科学書

「**神示や神典類**」とある中で、我々が最も信頼し中心とすべきものは言うまでもなく『日月神示』そのものである。これには誰も異論がないと思う。勿論、日月神示以外にも「霊的良識」を得られるものはあると思うし、私にも思い当たるモノは幾つかある。読者にもあるであろう。

ただ私自身は、ここでそのようなモノを例示することは控えたいと思う。と言うのは、霊的良識と感じられるものは、人それぞれによって違いがあって当然だからである。

「霊的良識」の中心となるものは日月神示であるから、これを「、」とすれば、他の神典類は「〇」で表すことが出来る。「〇」のどの部分をとっても、それは中心の「、」と結ばれるものであるが、それらは極めて多くの要素があり多様性を持っている。

様々な神典類にはそれらの多様性が含まれており、それらがその人その人の関心事や興味と結びつくことによって、その人にとっての霊的良識になると私は考えている。私の経験で言えば、真剣に日月神示を学ぶ者には、まるで偶然のようにそのような神典類との出会いがあるようである。

次に「**体験**」によって得られる霊的良識であるが、どんな体験が霊的良識の醸成に役に立つのであろうか？　これには様々な意見があると思うが、詰まる所は、直接間接に「霊的な体験」を多く積むことであるだろう。

この観点から私見を述べると、少々荒っぽい言い方になるが、それは「低級霊」や「動物霊」などに騙されるような「ネガティブな体験」を多く積んだ方が学びの効果と進展が大きいと思っている。

「これが低級霊や動物霊との感応か」という逆の体験から学ぶことで、より上位の霊的体験がどのようなものかを知るキッカケになると思われる。勿論、だからと言って最初から低級霊や動物霊との交流を勧めている訳ではないので、そこは誤解しないで頂きたい。

ただ私の経験から言えば、「体主霊従」に堕ちている者が「善かれ」と思って取り組んだ霊的体験であっても、そこに寄って来るのはほぼ例外なく低級霊や動物霊であると言っても、決して言い過ぎではない。

大事なことは、そのことを「反面教師」として前向きに捉え、自分の「身魂磨き」に反映することである（丁度「悪の御用」のように）。

もう一つの「**高度な科学書**」であるが、これが霊的良識を養うための参考になることは、私にもよく分かる気がする。例えば最先端の宇宙物理学や素粒子理論、或いは生命科学などの情報に触れると、この宇宙や物質そして生命などが「偶然」によって生まれた（創造された）などとは、絶対に信じられないはずである。

超巨大な宇宙から超ミクロの世界に至るまで、そこに存在するあまりにも精緻な法則や秩序の美しさに触れたならば、そこには何らかの大いなる意志の発動による創造行為があることが直観的に感じ取れるはずなのだ。

最先端科学を研究している科学者の中には、そのようなことを強く感じている者が相当数いることを、ある本で読んだことがある。科学者であるから「神」とか「仏」のような宗教的な用語はさすがに使わないけれども、例えば「サムシング・グレート（偉大な何者か）」とか「超越的存在」のような表現で論じているのである。

これなどは完全に霊的な領域にまたがることである。科学を突き詰めて行けば行くほど、超越者としての神（のような存在）を想定せざるを得なくなるのである。

一点補足すると、神示には「高度な科学書」とあるが、現代なら「書」以外にもテレビやパソコンを始めとする多くの学習媒体があるから、それらによって学ぶことは何ら問題ないはずだ。

また「高度な（科学書）」とあるが、何も小難しい公式や数式などの世界に踏み込むことは、必ずしも必要ではないと思う。それでは間口《まぐち》があまりにも狭くなり過ぎて、とても一般人向けとは言えない。公式や数式によらずとも、高度な内容を分かり易く解説している書や動画サイトなどはいくらでもあるから、それらの中から興味ある分野を見つけて学ぶこともよいであろう。

以上、「神示や神典類」、「体験」それに「高度な科学書」について私見を述べたが、これら全てに共通していることは「口で言うほど簡単なことではない」ということだ。日月神示を一読しただけで「霊的良識」が養われる訳がないことは、私も読者もよく知っていることである。一度や二度の霊的体験についても同じである。高度な科学書も然《しか》り。

霊的良識を養い深める旅は、人生の全てを賭けて取り組むべき大事業であると心得るべきである。

●高級神霊と区別が難しい幽界の霊

本帖二つ目のテーマ「**高級神霊と区別が難しい幽界の霊**」に移ろう。これは「霊的良識」を養うプロセスにおいて多くの者が体験的に遭遇するであろう「重要な課題」の一つと言ってよいものである。「**幽界の霊であっても高度のものともなれば、神界の高級神霊と区別することが難しいぞ**」とあるように、人民の地獄的想念によって生まれた「幽界」であっても、そこに存在する高度な霊が発するメッセージは、神界の高級神霊からのものと区別することが難しいということだ。

具体的には「**初歩の審神者《さにわ》の誤りやすいところ**」と指摘され、更に「**霊眼するものの誤りやすいところ**」ともある。「霊眼する」とは要するに「霊視する」ということであろうが、「**霊光の如きものも強く大きくてなかなかに審神出来ないぞ**」とあるように、高度な「幽界」の霊が発する霊光（オーラ）は強大であり、善し悪しの判断が簡単にはつかないと戒めている。

このように「審神」とは一朝一夕に出来るものではない。そこにはやはり「体験」を通して学ぶことが必要である。

最後にこれと関連する（と言うよりほぼ同義の）他の帖文を紹介しておくので、よく味わって頂きたい。何故「区別することが難しい」のか、その原因を鋭く指摘しているものである。

まことの善は悪に似ているぞ、まことの悪は善に似ているぞ。よく見分けなならんぞ、悪の大将は光り輝いているのざぞ、悪人はおとなしく見えるものぞ。

（第五巻「地つ巻」第十七帖）

第七帖

仙人と申すものは如何に高度なものであっても、それは幽界に属す、仙人界には戒律があるからぞ、神界には戒律なし、戒律ある宗教は滅びる、マコトの宗教には戒律はないぞ。しかし神界にも仙人的存在はあるぞ。

〈考察〉

●仙人は如何に高度なものであっても「幽界」に属す

本帖では「**仙人**」という言葉が登場しているが、これは日月神示全巻においてもほとんど見られないものである。それ故、ここで「仙人」が出て来ることにはやや唐突感と違和感を覚えるが、何故登場しているのかと言えば、それは人民に対して仙人に関する「審神《さにわ》」の知識として教えるためである。

人間に憑かる霊には、高級霊から低級霊、動物霊まで幅広く存在するが、「仙人」もその中の一つであるということだ。

では「仙人」とは如何なる存在か？ ということになるが、実はこれに関しては日月神示に具体的なことは何も降ろされていない。従ってこのことを逆に考えると、我々が認識しているような「仙人」のイメージでよいと考えておきたい。

我々にとって「仙人」とは仙境に住む神の如き人間であって、神通力によって驚異的な能力を発揮することが出来る、のように捉えているのが普通であろう。ここではもう少し踏み込んで、インターネット百科事典「Wikipedia」から仙人に関する記事の一部を見ておきたい。仙人を理解する参考として欲しい。

『仙人』とは

仙人（せんにん）また神仙（しんせん）、真人（しんじん）、仙女（せんにょ）は、中国本来の神々（仏教を除く）や、修行後神に近い存在になった者たちの総称。神仙は神人と仙人とを結合した語とされる。仙人は仙境にて暮らし、仙術をあやつり、不老不死を得たもの。本来、仙は僊と書き、『史記』封禅書では僊人、『漢書』芸文志では神僊と記される。

もともと神である神仙たちは、仙境ではなく、天界や天宮等の神話的な場所に住み暮らし、地上の山川草木・人間福禍を支配して管理す。仙人や神仙はいずれも自分の体内の陰と陽を完全調和して、道教の不滅の真理を悟った。彼等は道教の道（タオ）を身に着けて、その神髄を完全再現することができる。基本的に仙人という言葉は男性を指すが、女性の仙人もかなりいる。

一般に仙人といえば白髯を生やした老人というイメージがあるが、韓湘子など若々しい容貌で語られる者や、西王母、麻姑仙人（仙女）などの女性の仙人の存在も多く伝えられている。

また、仙人は禁欲に徹する必要があるとする伝説もあり、たとえば久米仙人や一角仙人は色欲により神通力を失っている。老子とは別に道教の源流の一つとなった神仙とは、東の海の遠くにある蓬萊山や西の果てにある崑崙山に棲み、飛翔や不老不死などの能力を持つ人にあらざる僊人（仙人）や羽人を指す伝説である。やがて方術や医学が発展すると、人でもある方法を積めば仙人になれるという考えが興った。

仙人は、死の過程を経ていないので神ではないが、神通力的な力を持っているため、以下のような方術を使うことができる。

・身が軽くなって天を飛ぶ
・水上を歩いたり、水中に潜ったりする
・座ったままで千里の向こうまで見通せる
・火中に飛び込んでも焼けない
・姿を隠したり、一身を数十人分に分身したりして自由自在に変身する忍術を使う
・暗夜においても光を得て物体を察知する
・猛獣や毒蛇などを平伏させる

（引用ここまで）

以上のように、我々から見る「仙人」とは正に超人であり神の如き存在である。

しかし本帖では、このような「仙人」は、「**如何に高度なものであっても、それは幽界に属す**」と断じている。「幽界」とは既に見て来たように、人間の地獄的想念が生んだ世界であって、「世の元の大神」様が生んだ世界ではない。

では、「仙人」が「幽界に属す」理由は何か？　ということだが、それはただ一つ「**仙人界には戒律があるからぞ**」と示されている。「戒律」があるかないか、この一点が分岐点だとい

うのである。

「戒律」は本来仏教用語であるが、ここでは人間が決めたルールや約束事のことのように広く捉えられ、「憲法」や「法律」、「規則」、「条約」等、また少し古い言葉では「掟《おきて》」なども該当すると言えるが、要するにその本質は、「外面的規制」によって人間の言動をある範囲内に拘束するものである。

日月神示は、「仙人界」にはこのような「戒律（＝外面的規制）」があると断言しているのである。その上で、「**神界には戒律なし、戒律ある宗教は滅びる、マコトの宗教には戒律はないぞ**」と示され、「神界」と「仙人界」では「戒律の有無」が真逆であることを教えている。

なお「戒律」が何故「神界」に属さないのか？　その理由については、第十七巻「地震の巻」でも詳細に示されているので、次に挙げておこう。

地獄的下級霊の現われには、多くの奇跡的なものを含む。奇跡とは大いなる動きに逆行する動きの現われであることを知らなければならない。かかる奇跡によりては、霊人も地上人も向上し得ない。浄化し、改心し得ないものである。また、霊人と地上人との交流によるのみでは向上し得ない。脅迫や、賞罰のみによっても向上し得ない。すべて戒律的の何ものによっても、霊人も地上人も何等の向上も弥栄も歓喜もあり得ない。反面、向上のごとくに見ゆる面があるとも、半面において同様の退歩が必然的に起こってくる。それは強《し》いるが為である。神の歓喜には、強いることなく、戒律する何ものもあり得ない。戒律あるところ必ず影生じ、暗を生み出し、カスが残るものである。それは大神の内流によって弥栄する世界ではなく、影の世界である。

（第十七巻「地震の巻」第十三帖）

私は先に「戒律」の本質が「外面的規制」だと述べたが、このことを右の神示では「**強《し》いること**」と表現している（勿論、同義である）。表現はどうあれ「戒律（＝外面的規制、また強いること）」によって向上することは有り得ず、必ず「**影**」を生じ「**カス**」が残ると明示されている。これが「戒律」の本質であって、「仙人（界）」にはこれがある、ということなのである。

これに対して「神界」は完全に神の世界であるから、その世界にあるのは「歓喜」だけであって、「戒律」が必要とされる理由も目的も動機もないのである。真実の宗教が目指すべき到達点もここであり、それ故本帖（第七帖）においても「**マコトの宗教には戒律はないぞ**」と示されているのである。

「仙人界」では「戒律」が絶対に必要なものとして存在しているため、やはり「滅びる宗教」の範疇《はんちゅう》に入ると言えよう。従って「仙人」が発する言葉の中で、「戒律」を絶対視するような霊的メッセージには十分注意しなければならない。

●戒律を無くすのではなく「無くなる」のが神界

日月神示はこのように述べているが、この部分だけを短絡的に捉えると「直ぐにでもあらゆる戒律をなくして歓喜によって生きるべきだ」と主張する者が必ず出て来るものだ。このような者に対しては、私なら「出来るものならやって見るがよい。必ず世界は滅茶苦茶になる」と応えたい。

外見(面)的な形だけをいくら繕っても、中身が整っていなければ何もならないからだ。そもそも「あらゆる戒律を無くする」という発想そのものが「(戒律を無くすという)新たな戒律」ではないか。

「戒律がない」とは「無くす」ことではない。自然に「必要が無くなる」のである。誰もそのようなものが必要だと思わない世界が「神界」なのであり、来るべき「新世界(＝ミロクの世)」もそうなって行くのである。

ではどうすれば「戒律がない世界」が実現するのか？　その答えはもう散々お伝えして来た。そう、「身魂磨き」である。「身魂磨き」が深化して「体主霊従」の性来が「霊主体従」へと変換して成長した者だけが到達出来る境地である。「身魂磨き」が深化することを、別名「(その者の)岩戸開き」とも言う。

なお「戒律」については、第二巻「碧玉之巻《あおたま》」第一帖にも次のように示されていることを付記しておく。振り返って復習して頂きたい。

反対の世界と合流する時、平面の上でやろうとすれば濁《にご》るばかりぢゃ、合流するには、立体でやらねばならん、立体となれば反対が反対でなくなるぞ、立体から復立体に、復々立体に、立立体にと申してあろう、漸次《ぜんじ》輪を大きく、広く、深く進めて行かねばならんぞ、それが岩戸ひらきぢゃ、低い世界は戒律なくてはならんぞ、人民の頭で、戒律と秩序、法則をゴッチャにして御座るぞ、平面と立体とをゴッチャにするのと同じ迷いの道であるぞ、気つけ下されよ。

（五十黙示録第二巻「碧玉之巻《あおたま》」第一帖）

●神界の「仙人的存在」とは？

本帖最後の「**神界にも仙人的存在はあるぞ**」だが、これは字義通りに理解するしかないように思われる。注意すべきは、あくまで「（仙人）**的**」ということであって、仙人のように振舞うが、仙人ではなく神界の神であるということである。

このことが我々地上界の人間にとってどのような意味を持つのかを考えると、おそらくであるが、「身魂磨き」の初めは「戒律」の必要性を説くものの、その者の「身魂磨き」が深化するに従って「戒律」から離れ「歓喜」に誘うように導くことではないだろうか？

要するに、「身魂磨き」が「段階的」に深化するよう導く際、初期の頃は「戒律」的なやり方も有効な手段として使うということであり、そのような役割を持っている神が「仙人的存在」ではないかと思われる。

前述の第二巻「碧玉之巻」第一帖に「**低い世界は戒律なくてはならんぞ**」と示されているように、やはり我々を導く神々には「仙人的存在」が必要なのである。これならば、我々人間にとっては大変有難いことである。

第八帖

竜体をもつ霊は神界にも幽界にもあるぞ、竜体であるからと申して神界に属すると早合点ならん。

〈考察〉

●竜体を持つ霊は神界にも幽界にも存在している

この第八帖は極めて短い帖であって、「**竜体**」について教示したものである。意味的にも特に難しいものはないが、帖文をもう少し具体的に文章化すれば「**竜体にも二種類あるから気を**

付けよ。竜体は神界にも幽界にも存在している。竜体が霊的に感応して来てもそれだけで神界の竜体とは限らんから注意しなければならない。早合点は禁物である」のようになるであろう。

前帖（第七帖）では「仙人」が取り上げられ、「仙人界」はどんなに高度なものであっても、そこには「戒律」があるから「幽界」に属するということが説かれていた。また一方において、「神界」にも「仙人」のように振舞う「仙人的存在」の神がいると示されていた。

これに対し本帖の「竜体」は、「神界」にも「幽界」にもどちらにも存在することが大きな特徴である。「神界」に存在するのが「竜体的存在」ではなく、竜体そのものであるということだ。

「竜体をもつ霊」のことを普通は「竜神」と呼ぶように、我々にとっては「竜体」＝「竜神」＝「神界の存在」と考えてしまい勝ちである。日本や中国などアジア圏の神話や伝承では、概して「竜神」と捉えられているようである。例えば日本では「赤城竜神」とか「八大竜王」などはよく聞くものであろう。

しかしヨーロッパでは「竜（ドラゴン）」は神ではなく、その反対の邪悪な存在（悪魔、サ

次に本帖は二つのテーマから成り立っていることが特徴である。前段では「**霊界の実相**」について述べられており、後段は「**人間に憑依する霊**」に関するものである。

●霊界の実相──霊界人は自分の住む霊界以外のことは知らない

まず「霊界の実相」についてであるが、これは冒頭の「**霊界に住むものは多くの場合、自分の住む霊界以外のことは知らない**」がほぼ全てを言い表している。霊界そのものは異なる「**段階**」によって幾重にも存在しているが、霊人にとっては「自分の住む霊界」が全てなのである。ある意味、極めて狭い世界とも言える。

何故そうなるのか？ についても書かれている。それは「**段階が異なってくるとわからなくなるのであるぞ。他の霊界は霊自身のもつ感覚の対照（象）とならないからである**」と示されている通りである。端的に言えば、「自分と段階の異なる他の霊界は感知し得ない」ということだ。本帖ではこのように述べているが、第十七巻「地震の巻」ではもっと詳細に記述されているので、関係帖文を挙げておこう。

天界も無限段階、地界も無限段階があり、その各々の段階に相応した霊人や地上人が生活し、歓喜している。その霊人たちは、その属する段階以外の世界とは、内的交流はあっても、全面的交流はないのである。何故ならば、自らなる段階的秩序を破るからである。秩序、法則は、神そのものであるから、神自身もこれを破ることは許されない。しかし、同一線上における横の交流は、可能である。

（第十七巻「地震の巻」第二帖）

同気同類の霊人は、同一の情態で、同じ所に和し、弥栄え、然《しか》らざるものは、その内蔵するものの度合に正比例して遠ざかる。同類は相寄り、相集まり、睦び栄ゆ。

（第十七巻「地震の巻」第四帖）

地上人が、限りなきほどの想念的段階をもち、各々の世界をつくり出しているごとく、霊界にも無限の段階があり、その各々に、同一想念を持つ霊人が住んでおり、常に弥栄しつつある。下級段階で正なりとし、善を思い、美を感じ、真なりと信じ、愛なりと思う、その想念も上級霊界においては必ずしもそうではない。

（第十七巻「地震の巻」第十三帖）

結論的に言えることは、霊人は「**同一情態（同一想念、同気同類）**」の横の交流は出来るが、それが異なる縦の交流は原則として出来ない、ということである。そしてそれは「**秩序**」であって「**神そのもの**」であるから、「**神自身も破ることは許されない**」のである。地上世界のように同一平面上に何でもあり、玉石混交の世界とは根本的に異なるのが霊界である。

●人間に憑依する霊はどのようなものか？

次のテーマ「人間に憑依する霊」について見て行こう。人間には色々な霊的存在が憑依するとされているが、本帖では次のようなものが列挙されている。

・人霊
・天狗風《てき》（「風《てき》」の読みは以下同じ）
・神風
・仙人風

・狐風
・狸風
・猫風　など

ここでは「**天狗風**《てき》」のように、「てき」に「風」という漢字を当てていることが大きな特徴である（神示原文には漢字が使われていないので、「てき」という読みに後から「風」という漢字を当てたことは間違いないであろう）。

この意味は「天狗のように見える（感じられる、それらしい、似ている）」ということであるから、我々にとってはむしろ「天狗的《てき》」と表現してもらった方が理解し易いように思う。また同じような意味では「天狗風《ふう》」とも表現出来る。

私が調べた範囲においては、「風」を「てき」と読ませるような具体例を見つけることは出来なかったが、何れにしろ「〇〇風《ふう》」と「〇〇的《てき》」は基本的に同義であることから、「風」を「てき」と読ませても意味的に異なるものでないことは確かである。

ただ、岡本天明がどうしてこのような訳語を当てたのかはよく分からない。天明が生きていた昭和の時代の心霊用語がこのような使い方だったのか？　或いは天明が属していた大本教団における表現方法だったのか？　色々推測は出来るが、今の所、決定的なものがない。

何れにしろ「〇〇風《てき》」とは、人間にとって「〇〇のように見える霊、似ている霊」ということであるから、「**神風**《てき》」は「神のように見える霊、神に似ている霊」の意であるし、「仙人風《てき》」、「**狐風**《てき》」、「**狸風**《てき》」、「**猫風**《てき》」も同様である。

ただ、その霊が本当に神（仙人、狐、狸、猫）であるのか、或いは別の霊がそのように振舞っているのかは、それこそキチンと「審神《さにわ》」しなければ分かるものではない。

ここで注意すべきは「**人民界のことをよく知っている霊は、人民界を去って間もない霊か、地上世界に長く住んでいた動物霊か、人民に憑依していた霊であるぞ**」と示されていることだ。人間なら誰しも、ある霊的存在に自分のことや自分しか知り得ないことをズバリ言い当てられれば、驚き慌ててこれは凄い神様が降りて来たに違いないと思うであろう。その結果、その霊の言うことは何でも信じ込んで、従うようになってしまう。

しかし、そのような霊は「人民界を去って間もない霊」か「地上世界に長く住んでいた動物霊」、或いは「人民に憑依していた霊」なのであって、絶対に凄い神様などではない。人霊ならまだしも、狐や狸などの動物霊を神様だと思い込むことは笑い話であり、滑稽《こっけい》でしかない。

なお人間に憑依する霊としてはもう一つ「**特別な使命をもつ天使**」と示されているが、これについては本巻第三帖が非常によい参考になるので関係部分を挙げておこう。

特別の使命をもつ天使は、最下級の霊界まで降って来て、人民に特別な通信をなし、指示することもあるぞ。また天使の霊が母体に宿り、人民として生まれてくることもあるぞ、末世にはこの種の降誕人《こうたんじん》が沢山あるぞ。

（「龍音之巻《りゅうおん》」第三帖）

第十帖

人間の肉体に他の霊が入って自由にしているのだと、多くの霊覚者や審神者《さにわ》が信じているなれど、事実そう見えるなれど、それは誤りであるぞ。人間の肉体は原則として真理の宿り給う神の生宮《いくみや》であるから、下級霊はなかなかに入ることは出来ん。例外はあるなれど、肉体霊、外部霊、副守護霊等の想念は、時によって動物的、幽界的となるものであるから、それと同一波長の動物的霊が感応する、感応はするが肉体の内部までは入り込めない、しかし感応の度が強ければ入ったと同様に見える状態となるのである。先祖霊もだいたい同様であるぞ。

〈考察〉

●下級霊は憑依ではなく感応する

本帖はいわゆる「憑依」の本質を述べたもので、霊的真理としても極めて重要な内容が降ろされている。我々が「憑依」という時、それは正に「**人間の肉体に他の霊が入って自由にしている**」と思っているはずだ。現に本帖でも「(そのことを) **多くの霊覚者や審神《さにわ》者が信じている**」と指摘されている。

しかし実際には「**そう見える**」だけであって、本当の所は「**それは誤りである**」とハッキリ示されていることは重要である。繰り返すが、「そのように見えるけれども、本当はそうではない」ということなのだ。

では真実は何か？　と言えば、それは本来「(人間の肉体に) **下級霊はなかなかに入ることは出来ん**」のであるが、しかし「**感応の度が強ければ入ったと同様に見える状態となる**」ということである。言葉を換えれば、「下級霊が人間の肉体に入って自由にすることは出来ないが、感応して影響を与えることは出来る。その度合が強ければ人間が霊に自由に操られているように見える」という具合に説明出来るのである。前帖で登場した「天狗風《てき》」に倣《なら》えば、「憑依風《てき》」↓憑依しているように見える、そのように感じられる」とも言えようか。

もっと言えば「下級霊に入られるのではなく、強い影響を受ける」ということだが、ここには大事なポイントがある。つまり「本来的な人間の霊性は、下級霊などに易々と乗っ取られるようなヤワなものではない」ということだ。何故ならば、「**人間の肉体は原則として真理の宿り給う神の生宮《いくみや》**」だからである。世の元の大神様の「〵」に繋がっているからである。

●同一波長の動物霊が感応する

そのような霊的本性を有している人間が、どうして下級霊に感応するのか？　と言えば、それは「**肉体霊、外部霊、副守護霊等の想念は、時によって動物的、幽界的となるものであるか**

ら、それと同一波長の動物的霊が感応する」からだと示されている。ここでポイントなるのは、「同一波長」ということであって、動物霊が感応するのは人間側が動物霊と「同一波長」になるからなのである。

分かり易く言えば、テレビのチャンネルのようなものと考えればよいだろう。テレビのチャンネルには、それぞれ固有の周波数帯が割り当てられているが、自分がそのチャンネル（周波数帯）を選択することで映像を見ることが出来る。

これと同じように、動物霊の波長を自らが選択するから「**感応**」という現象が起こって、大なり小なり影響を受けることになるのである。

と申せば、「自分は動物霊と感応したいなどとは思わないし、願いもしない。だから感応することはない（するはずがない）」と反論する者がいるかも知れないので、説明を加えたい。

それは「（感応を）思わない、願わない」という次元の話ではなく、その者の心霊的な状態が動物霊と導通し感応状態を作り出すということなのだ。換言すれば「体主霊従（我れ善し）」の心霊的状態の者が、同じ波長を持つ動物霊と導通し感応するということである。

ところでここに「肉体霊、外部霊、副守護霊」という三つの「霊」が登場している。これらの違いについては何も述べられていないが、「肉体霊」は自分自身の肉体に宿る霊（自分霊？）のことであると思われ、「外部霊」は自分以外の他者の霊であって自分に何らかの影響を与える霊と考えられる。中で「副守護霊」が分かり難いが、これに関連するものとして、第三十巻「冬の巻」に次のように示されている。

霊的自分を正守護神と申し、神的自分を本守護神と申すぞ。幽界的自分が副守護神ぢゃ。本守護神は大神の歓喜であるぞ。

（第三十巻「冬の巻」全一帖）

どんな人間も、神界、霊界、幽界と繋がっており、繋がる階層に応じて「**本守護神、正守護神、副守護神**」と区分されるようである。なおここでは、「守護神」のように「神」を付けて表現しているが、いわゆる「守護霊」と同義と見てよいだろう。何れにしろ、「副守護霊」とは最も低いレベルの霊的自分であることに変わりはない。

これら三つのいずれかまたは複数の想念が動物的、幽界的になった時に、動物霊に感応すると言えるだろう（可能性としては「副守護霊」が最も高いだろうが）。

本帖最後の「**先祖霊もだいたい同様であるぞ**」とは、その者の先祖霊が感応するプロセスもほぼ同様であるという意味になるが、この密意としては、先祖霊の多くも「動物的、幽界的」な想念を有していることが読み取れる。何故なら、ほとんどの場合「体主霊従（我れ善し）」のまま「あの世」に帰る霊が多いからである。

●例外的な憑依現象──岡本天明の場合

もう一つ、本帖の中ほどに「**例外はあるなれど**」とあり、憑依現象には例外があることも示されている。つまり「感応」ではなく、例外的に「人間の肉体に他の霊が入って自由にする」ことがあると解されるが、この典型的な例は岡本天明が日月神示初発を自動書記した時の状況に見ることが出来る。

あの時の天明は、突然、額に熱く強い霊動を感じ、次いで右腕にも抵抗出来ないほど強い霊動と激しい痛みを生じ、たまらず写生用に携帯していた矢立《やたて》から筆を取り出して画仙紙《がせんし》に向かうと、強制的な自動書記が始まったというものである。

これは天明の意志とは無関係に、暴力的な強制力を用いてでも「日月神示」を自動書記させなければならなかった神界の事情があってのことであった。正に「例外」である。

なお本帖の内容に関連するものとして、第十七巻「地震の巻」にも憑依に関することが降ろされているので取り上げておく。本帖と併せて理解の参考にされたい。

霊人が地上人に語る時は、その想念が同一線上に融和するが為である。霊人が地上人に来る時は、その人の知るすべてを知ることとなるのであるが、その語るのは霊人自身でなくて、霊人と和合して体的の自分に語るので、自分と自分が談話しているのである。霊人は現実界と直接には接し得ない。また地上人は霊界と直接には接し得ないのが原則である。しかし、それぞれの仲介を通じていっても、直接行うのと同様の結果となるのである。為に地上人は直接なし得るものと考えるのである。

（第十七巻「地震の巻」第十二帖）

右の帖文の中ほどに、「**自分と自分とが談話しているのである**」とあるが、これが霊人による「感応」の状況であると思われる。まるで自分の中にもう一人の自分がいて、その者が話しているような感覚なのであろう。

実を言うと、私自身も「自分と自分が談合」する状況は過去に何度か経験したことがある。それが起こるのは、例外なく自分（と妻）が信じて行って来た神業の過程で生じたものである。参考までに、その時の状況を少し文章化して見よう。

神業の途中で十分に神に心が向いた（と自分で感じた）時、胸の中が急に言いようのないエネルギー感に満たされ、それがドンドン強くなる。やがてそれは上昇して私の喉の奥に到達した感覚があり、次いで口がパクパクと動き出し、何かの言葉が出て来そうな気配を感じるようになる。

自分の頭で考えて自分で何かを言おうとしているのではない。明らかに、胸の中から湧き上がって来るものだ。そして遂に私の口から言葉が飛び出し、何かをベラベラと喋り出すのである。

しかし、である。それは「日本語」ではないのだ。英語でもない。他の外国語とも思えない。全く未知の言葉なのである。だから自分で何を喋っているのか全く意味が分からない。こんな状態が数十秒間続いて終わる。

ひと言で申せば「異言《いげん》」現象とでも言えるだろうか。妻に言わせると、「お父さん、宇宙語が出て来たね」とのこと（ハア？）

私の「異言」現象を文章にすると右のようになるが、これはいつ起こるのか自分では全く分からないし、予想も出来ない。あくまで神業奉仕の際、「その時になって突然始まる」のであることを補足しておく。

ここで強調しておきたいのは、確かに胸から湧き上がるエネルギーがあって、それが何か言葉を発しようとしていることは明らかなのだが、それを止めようと思えば止められるということだ。強い精神力は必要だが不可能ではない（私の場合は、何者かが語りたがっているという感覚があったので、それを許そうと思って力を抜いた時に言葉が出て来たのである）。

このように（天明のような一部の例外を除き）自分に憑かってくる霊よりも自分自身の意志

の方が強い、ということを強調しておきたい。日月神示が教えている通りである。私が経験した「異言」現象は過去何度もあったが、その意味は今でも分からない。毎回、異なる異言であったし、何か意味はあるのだろうが、それを再現して検証出来るものでもない。また、そうしたいとも思わない。そのような神秘体験があったという事実だけで十分である（あの世に戻れば分かるだろうと勝手に期待している）。

第十一帖

霊には物質は感覚の対照とはならない。霊には、人間の肉体は無いのと同じである。祖先霊に化かして何かを企《くわだ》てる動物霊が多いから注意せよ。動物霊が何故祖先のことを知るかと申せば、その憑依の対照となる肉体霊の知っていることを、直ちに知る得るからである。

〈考察〉

本帖にも編集上のミス（誤字）と思われる部分があるので初めに指摘しておきたい。「対照」という語が二か所登場しているが、いずれも「対象」が正しい（はずである）。また最後尾の「直ちに知る得る」は「直ちに知り得る」が正しい（はずである）。

次に内容についてであるが、本帖は比較的平易な文章で書かれており、意味的にも特に難解ではないので、そのまま素直に受け取ればよいと思う。本帖で示されている内容は二つであり、一つは「霊と物質の関係」、それともう一つは「祖先霊に化ける動物霊」に関することである。

●霊は物質的な制約を受けない

映画やテレビの「怪談物」では、恨みを持って死んだ者が幽霊となって登場することが多い。幽霊に襲われた人間は恐怖に駆られ、幽霊に対して刀で斬りつけたり、或いは銃で撃ったりするが全く効果がない。幽霊は自由自在に飛び回り、出現と消滅を繰り返しながらその者を恐怖のどん底に叩き落とし、最後は狂い死にさせる……。

よくあるストーリーだが、霊と物質の関係は凡そこのようなものと考えてよいだろう。

文意的に注意すべきは「**霊には物質は感覚の対照（象）とはならない**」という部分である。これは「霊が物質を感覚することが出来ない」ということではなく、「物質の制約を受けない」という意味に採らなければならない。

もし霊が物質を感覚することが出来ないのであれば、どんな霊も地上世界の人間を知ることが出来ず、ましてや交流や交信することなど不可能なことである。その意味では「**霊には、人間の肉体は無いのと同じである**」と示されている方が直観的に理解し易いだろう。霊が物質的制約を受けないということは、霊が物質を超越した世界にいるということであるが、我々はこのことを「物質界」に対して「（霊的な）波動の世界」と呼んでいる訳である。

●動物霊は祖先霊に化けることが多い

次に「祖先霊に化ける動物霊」については、「**祖先霊に化かして何かを企《くわだ》てる動物霊が多いから注意せよ**」と示されている。動物霊と言えば「狐、狸、猫」などが代表例であるが、これらが人間に対して何かを企てる場合は、必ずその人間に対して霊的な交流を持たなければならないが、この場合、その人間が最も信じ易いのは何と言っても「祖先霊」である。

生前、生活を共にした肉親だと名乗る霊が憑かって、当人しか知らないことを告げられれば疑うことは極めて困難であり、九分九厘信じてしまうだろう。動物霊はこうして人間を騙し、何かをして欲しいとか、何処其処《どこそこ》に祀って欲しいとか、好き勝手なことをさせて面白がっているのである。いたずら程度ならまだしも、危険な場所に誘導して命を落とさせるような企ても無しとしないので、帖文にある通り、本当に「注意せよ」なのである。

ここで根本的な疑問として登場するのが「**動物霊が何故祖先霊のことを知っているのか**」ということであるが、本帖にはその答えも明示されている。それは「**その憑依の対照（象）となる肉体霊の知っていることを、直ちに知り得る**」からと降ろされている。

これが霊の凄いところで、人間があれこれ教えなくても、霊的に感応しただけでその者が知っている知識（記憶）を共有することが出来るということだ。便利と言えば便利だが、人間にとっては迷惑この上ないことではある。

繰り返すが、霊に憑依されるとその者の知識（記憶）が霊に知られてしまうのである。このことを肝に銘じて頂きたい。霊に隠し事は出来ないということだ。言うまでもなく、これもまた霊が「物質の制約を受けない」ために起こり得ることである。

第十二帖

動物霊が人間の言葉を使うことは、腑《ふ》に落ちないと申すものが沢山あるなれど、よく考えて見よ、例えば他人の家に入って、其処《そこ》にある道具類をそのまま使用するのと同じ道理ぢや、わかりたか、動物霊でも他の霊でも人間に感応したならば、その人間の持つ言葉をある程度使いこなせるのであるぞ、故に日本人に感応すれば日本語、米人なれば英語を語るのであるぞ。今の偉い人民がこの神示を読むと、理窟に合わん無茶苦茶な文章であるから、下級霊の所産だと断ずるなれど、それはあまりにも霊界のことを知らぬ、霊的白痴であることを、自分で白状しているのぞ、気の毒ぢやなあ、ましてこの神示は八通りに読めるのであるから、いよいよわからんことになるぞ。

〈考察〉

本帖においても編集上のミスがあるようだ。帖文の後半に「**自分で白状しているのそ**」とあるが、ここで「……いるのそ」と表記されているのは「……いるのぞ」が正しい（はずである）。「そ」が「ぞ」になるだけであるが、この点、注意されたい。

本帖には二つのテーマがある。一つ目は「動物霊が何故人間の言葉を話せるのか？」というもの。もう一つは「偉い人民は霊的白痴」ということで、こちらも興味深いものだ。

●動物霊が何故人間の言葉を話せるのか？

最初のテーマであるが、確かに人間に狐や狸などが憑依（感応）しても、人間の言葉を話すのはおかしいと思う者は多いだろう（以前の私もそうであった）。地上世界で生きていた時は「ニャー」とか「ニャーオ」のような鳴き声を発する猫が死んで霊になり、何らかの理由で人間に憑依（感応）した時はその「人間の言葉」を話すというのだから、普通に考えれば確かに不自然極まりないことである。死んだ猫が急に人間のように賢くなるはずもない。

その意味で「**動物霊が人間の言葉を使うことは、腑《ふ》に落ちないと申すものが沢山ある**」との指摘は誠にその通りである。しかし本帖によれば、「動物霊が人間の言葉を使う（語る）」ことは不思議でも何でもないことになる。しかも憑依した者が日本人なら「日本語」を、米人なら「英語」を使うとまで示されているのだ。

何故そのようになるのだろうか？

そのことを本帖では、「**例えば他人の家に入って、其処《そこ》にある道具類をそのまま使用するのと同じ道理ぢゃ**」と説明している。要するに、そこにある「道具」を使うことが原理であるということになる。人間に憑依した動物霊にとっては、人間の「言葉」は使える道具の一つだということである。

前帖では「**動物霊が何故祖先霊のことを知っているのか**」ということに対する答えとして、動物霊は「**その憑依の対照（象）となる肉体霊の知っていることを、直ちに知り得る**」からだというものがあった。

これが霊の凄いところで、前帖では霊的に感応しただけでその者が知っている知識（記憶）

を共有することが出来ると述べたが、本帖では更に「(人間の言葉を) 道具として使用できる」という具合に一層踏み込んで述べている。

このような説明でもなお納得出来ない者はいると思うが、物質科学を超えた霊的世界の話であるから、そこはあまり頑固にならずに受け止めて頂きたい。そうでなければ、それ以上先には進めないのだから。

このような事情であるから、例えば人間に憑依した動物霊が、自分以外の者が知らないはずの知識や情報を話したり、しかもその者の話し方のクセやパターンを使ったり、或いはその者が住む地域の方言で話したりしたならば、人間側はまず疑うことをしないことになるであろう。

なお「**動物霊でも他の霊でも人間に感応したならば、その人間の持つ言葉をある程度使いこなせるのであるぞ**」の中で、「ある程度使いこなせる」と示されていることは興味深いものがある。「ある程度」とは、「程度が大き過ぎず、小さ過ぎず、中くらいである」というほどの意味であるから、動物霊が人間の言葉を使うとしても、それは完全とか完璧とまではいかない、ということになる。つまり完全コピーではないが、ほどほど似ているというのが動物霊が憑依した時の特徴だと考えてよいだろう。それでも人間を騙すには十分過ぎるだろうが。

●偉い人間は霊的に無知である

二つ目のテーマ「偉い人民は霊的白痴」に移ろう。最初に注意しておきたいのは、「白痴（はくち）」とは重度の知的障害（者）を意味しており、現代では「差別語」とされることがあるということだ。

従って、本帖の内容を第三者に話すような時は十分注意して頂きたい。「霊的白痴」ではなく「霊的無知」などと置き換えた方が無難である。

このテーマについて明確に述べている帖文は、**「今の偉い人民がこの神示を読むと、理窟に合わん無茶苦茶な文章であるから、下級霊の所産だと断ずるなれど、それはあまりにも霊界のことを知らぬ、霊的白痴である」**という箇所である。

端的に言えば、「今の偉い人民は霊的な白痴である」ということだが、差別的表現とされる「白痴」を取り除いて言えば、「今の偉い人民は霊的なことに関しては全くの無知である（何も分かっていない）」となるだろう。

ここで「偉い人民」については特段の記述がないが、要するに「この神示を読むと、理窟に合わん無茶苦茶な文章であるから、下級霊の所産だと断する」ような人間であって、社会的地位が高い者や学識者などを指していると考えてよいだろう。

　人間の学や智は、日月神示が教示する霊的真理とは相容れないものが多いから、人智に長《た》けている「偉い人民」ほど霊的には無知だという指摘である。

　「**霊的白痴であることを、自分で白状しているのぞ、気の毒ぢゃなあ**」とあるのは、神の立場に立った表現であることに留意されたい。最高の霊的真理と神仕組を説いている「日月神示」を動物霊の所産だと言うのであるから、確かに霊的な無知を自分で白状していることに等しい。

●日月神示の魔法──「八通りに読める」の神意

　本帖最後の「**ましてこの神示は八通りに読めるのであるから、いよいよわからんことになるぞ**」において、「この神示は八通りに読める」という部分は極めて重要である。

　これについては拙著や講演会、セミナーなどで解説しているが、復習を兼ねて今一度簡単に解説しておきたい。関連する神示は次の二つである。

この神示も身魂により、どんなにでも取れるように書いておくから、取り違いせんようにしてくれ。

（第一巻「上つ巻」第二十七帖）

この神示八通りに読めるのぢゃ、七通りまでは今の人民さんでも何とかわかるなれど、八通り目はなかなかぞ。一厘が隠してあるのぢゃ、隠したものは現われるのぢゃ、現われているのぢゃ。

（第二十三巻「海の巻」第十五帖）

この2例の神示には「**身魂により、どんなにでも取れる**」とか「**八通りに読める**」と示されている。日月神示はただでさえ抽象的で難解であるのに、「どんなにでも取れる」とか「八通りに読める」と書いてあれば、何が起こるであろうか？

そう、「何でもあり」の解釈になってしまう。日月神示を解読しようとする者が、どんなに突拍子もない解釈をしても、それは「どんなにでも取れる」ことであり、「八通りの中の一つ」に過ぎないことになってしまう。

当然のこととして、誰も異議を唱えず批判もしない（出来ない）から、「何でもあり」がドンドン増えることになるのである。

日月神示の解説本やインターネット上にアップされている関連情報は、それこそ星の数ほど存在しているが、そのどれもが内容が発散的で収拾がつかないほどバラバラであるのは、皆が皆「何でもあり」が当たり前だと思っているからに違いない。

このことを私は、個人的に「**日月神示の魔法**にかかっている」と呼んでいる。

あまりにも「何でもあり」が当たり前になっているため、日月神示信奉者の多くが、結局「日月神示はよくわからない」という状態になってしまうのである。私に言わせれば、このような人たちは素直に「わからない」と言うだけまだマシである。

救いようがないのは「何でもあり」が高じて強引なこじつけや摩訶不思議な解釈で、完全に日月神示の神意から乖離《かいり》してしまっている者たちだ。この傾向は熱心な宗教者や信仰者ほど多いように見受けられる。

今の日本では日月神示もポピュラーな存在になったが、以上のような理由で日月神示に込められた神理や神仕組をキチンと理解している者は極めて少ないと思われるのである。

前記の最初の帖には、「**この神示も身魂により、どんなにでも取れるように書いておくから、取り違いせんようにしてくれ**」とある。確かに「（身魂により）どんなにも取れる」と書いてはあるが、その直後に「**取り違いせんようにしてくれ**」とあることを、多くの者はあまり気に掛けていないようである。神からの大事な忠告であるにも関わらず、である。

何度も言うが、日月神示の解釈が「何でもあり」になってしまうのは、多くの者たちが「取り違えている」からに他ならない。つまり「日月神示の魔法」が解けていないのである。

では「**この神示八通りに読めるのぢゃ**」とはどういう意味だろうか？　多くの者が間違えてしまうのは、「八通りに読める」ことを「八種類のモノがある」のように思い込んでしまうからであろう。つまり「読める」を「ある（存在する）」と勘違いしてしまっているのだ。

私はこの思い込みを解く方法として、よく「てんし様」と引き合いに出す。「てんし様」とは日月神示における最重要人物であり（また神でもあり）、来るべき「ミロクの世」の王（＝霊的中心者）となられる存在である。

この「てんし様」の解釈をめぐっては百人百通りで、それこそ何でもありの状態であるが、では日月神示が八通りに読めるのなら、「八種類のてんし様」がいる（存在する）のかを考えて見たらよい。そんなバカなことがある訳がないことは、小学生でも分かることだ。何故なら「てんし様」は唯一無二の存在であるからだ。

では「てんし様」が八通りに読める、とはどういうことか？　と言えば、そのヒントはあくまで「読める」ということにある。「読める」とは「そのように表せる、そのように見える、そのような性質がある」という意味に解さなければならない。つまり、唯一無二の「てんし様」の表し方、見え方、性質などを「多面的」に述べていることを「八通りに読める」と表現しているのである。

注意すべきは、「八通り」とは文字通りの「八つ」という意味ではなく、地上世界を「八方世界」というように、地上世界的なあらゆる見方や視点のことを「八通り」と述べているということである。つまり、日月神示に降ろされている「てんし様」に関するピースを出来るだけ多く集めて総覧すれば、「てんし様」の真の姿が浮き彫りになって来るということだ。逆説的に言うなら、「八通りに読める」とは必ず「真実の一点に収束《しゅうそく》収斂《しゅうれん》する」ということでもある。

以上の説明で、「八通りに読める」ことの意味を復習して頂けたであろうか？「てんし様」に関する「八通りに読める」ことの詳細は、拙著の中でも詳しく述べているので、ここでは割愛させて頂く。

「偉い人民」はこのようなことが全く分からないから、神から「霊的白痴（霊的に完全な無知）」と酷評されるのであろう。

第十三帖

時に、例外として人間の魂と動物の魂と入れ替わっていることもあるぞ、この場合は肉体に入り込んだと考えてよいぞ。こういう場合、例えばそれが狐ならば狐の様相を露呈するから、誰にでもすぐわかるなれど、悪行を積んだ霊ともなれば巧みに、その時代時代の流れに合わせて化けているから、なかなか見破ること難しいぞ、心得なされよ。ある種の霊は、自分自身は高度な神界に住んでいると誤信しているものもあるが、こうした霊が感応した場合は自信をもって断言する場合が多い。人間が知らぬ世界のことを、自信をもって強く告げられると、多くの審神者《さにわ》は参ってしまうぞ。

〈考察〉

本帖では、霊憑かりの中でも「特殊なケース」について2例教示している。個々に見て行こう。

●人間と動物の魂の入れ替わりは例外的に起こる

一つは、例外的に起こり得る「**人間と動物の魂の入れ替わり**」である。これまでは動物霊が人間に「感応」すると説かれていたのであるが、例外として「魂の入れ替わり」があると述べている。

この場合、肉体は人間であっても、その肉体に動物霊が入る（入れ替わる）ことになるので、その挙動は肉体に入った動物霊と同じになるという奇妙な現象が起こることになる。

「**例えばそれが狐ならば狐の様相を露呈する**」と示されている部分がそれである。「狐」であれば四つん這いになって動き回り、人間に対しては姿勢を低くして強い警戒心を示すような挙動をするであろう。また入った動物霊が「蛇」であれば、蛇のように体をくねらせながら、あたかも匍匐《ほふく》前進のような動きをするかも知れない。

何れにしろ、このような場合はその動物特有の動きや様相を示すから「**誰にでもすぐわかる**」と示されているので、容易に審神《さにわ》することが出来るであろう。

しかし、そうでない場合もあると神示は述べている。それが「**悪行を積んだ動物霊**」が人間の肉体に入った場合であって、これは「**なかなか見破ることは難しい**」と教示している。つまり動物特有の動きや様相を見せることなく人間に接するため、人間にとっては審神が困難になるということであろう。

このような動物霊の共通項は、「**悪行を積んでいる**」ことであって、それによって人間に対して極めて狡猾《こうかつ》に振舞うことが出来るのである。本帖ではこのことを「**その時代時代の流れに合わせて化けている**」と表現している。

ところで、動物霊によって肉体に入り込まれるのはどんな人間なのだろうか？　そこには何らかの特徴があるはずだが、本帖には書かれていない。そこで推測するしかないが、まずは自分自身の信念や意志が極めて弱く、他人の意見や言動にすぐに影響され、容易にそちらの方向に引っ張られてしまうようなタイプの人間が考えられる。
それともう一つは、他人に同情しすぐに感情移入してしまうような者も該当するだろう。このような者は他の霊との感応性が強く、何らかの理由でそれが行き過ぎると単なる感応では済まなくなり、「魂の入れ替わり」によって完全に支配されてしまうと思われる。

●自分を高みに置きたがる霊もいる

本帖におけるもう一つの特殊なケースの例は、「思い込みが強い霊」のことである。「**ある種の霊は、自分自身は高度な神界に住んでいると誤信しているものもある**」と示されているように、非常に自尊心が強く、自分の神格は極めて高く、それ故高度な神界に住んでいると勝手に信じ込んでいる霊も存在しているのである。

ただ、ここでは「ある種の霊」とあるだけで具体的な例示はないが、本帖の前段において「動物霊」が登場しているので、「ある種の霊」を「ある種の動物霊」と解することが出来るだろう。文意的にも矛盾はない。

しかし、このように自尊心の強い霊が動物霊だけであるはずもなく、「人霊」にも存在することは当然考えられるから、私は人霊と動物霊の両方が該当すると考えている。

何れにしろ、このような霊と感応すれば「**自信をもって断言される場合**」が多くなるのは必至である。しかも人間の知らない霊的な世界のことなどを「**自信をもって強く**」告げられれば、誰でも信じ込んでしまう結果となる。本帖には「**多くの審神者《さにわ》は参ってしまうぞ**」とあるが、審神者でない普通の人間ならコロリと騙されてしまうのがオチである。

このような霊の見分け方については、第三帖の内容（審神の方法）がよい参考になるので、関係帖文を示しておこう。

目に見えぬところからの通信は、高度の者ほど肉体的には感応が弱くなり、暗示的となるものであるぞ、ドタンバタン、大声でどなり散らすのは下《げ》の下。

（五十黙示録第四巻「龍音《りゅうおん》之巻」第三帖）

右のように、高度な霊からの通信は、「**肉体的感応が弱い**」こと、通信の内容が「**暗示的**」であることが大きな特徴である。よって、大声で何かをハッキリと断言するような霊は高度な霊ではないから、最良の方策は「交信しないこと」であり、また「近づかないこと」である。

第十四帖

幽界霊も時により正しく善なることを申すなれど、それはただ申すだけであるぞ。悪人が口先だけで善を語るようなものであるぞ、よいことを語ったとて直《ただ》ちに善神と思ってはならん。よい言葉ならば、たとえ悪神が語ってもよいではないかと思すものもあるなれど、それは理窟ぢゃ、甘ければ砂糖でなくサッカリンでもよいではないかと申すことぞ。真の善言真語は心・言・行一致であるから直ちに力する、言葉の上のみ同一であっても、心・言・行が一致しておらぬと力せぬ。偽りの言葉は、落ち着いて聞けばすぐわかるぞ、同じ「ハイ」という返事でも、不満を持つ時と喜びの時では違うであろうがな。我《われ》は天照大神なり、などと名乗る霊にロクなものないぞ、大言壮語する人民は眉唾《まゆつば》もの。

〈考察〉

最初に編集上のミス（誤字）と思われる箇所があるので、指摘しておきたい。3行目に「**たとえ悪神が語ってもよいではないかと思すものがあるなれど**」において、「思す」は「申す」

の誤りであると思われる。「思す」では意味が通じない。もっとも「思す」ではなく「思う」ならば意味は通じるが、全体の文意からは「申す」が適切であると思われる。

本帖の趣旨は明快であり、「**口先だけで善を語っても力は生まれない**」ということに尽きる。これを逆に言えば「**真の善言真語は心・言・行が一致しているから力が生まれる**」となる。すなわち「言霊」の真義を述べているのである。

●幽界霊も悪人も口先だけの善を語ることは出来る

本帖冒頭の「**幽界霊も時により正しく善なることを申すなれど、それはただ申すだけであるぞ。悪人が口先だけで善を語るようなものであるぞ**」とある部分が、前半分の要点を上手く纏めている。

ここで「幽界霊」とは「幽界」に住む霊のことであるが、彼らが住む霊界とは、「世の元の大神」様が生んだ世界ではなく、地上界の人間たちの「地獄的想念」によって生み出されたものである。そして幽界は人間界と最も深い関係にあり、初期の霊かかりのほとんどはこの幽界からの感応によるとされている（詳細は第四帖及び第五帖の考察を参照されたい）

人民の「地獄的想念」が生み出した世界であるから、言わずもがなそこに住む霊人たちの性来は「体主霊従、我れ善し」ばかりである。このような霊であっても、「口先」だけで「善」を語ることは出来るし、時には、人間を貶めようとして積極的に感応して来ることもあるはずだ。

よって、**「よいことを語ったとて直《ただ》ちに善神と思ってはならん」**となるのは当然の道理なのである。このような霊が語る「善もどき」には「力」がない。

ところで**「甘ければ砂糖でなくサッカリンでもよいではないかと申すことぞ」**とある中で「サッカリン」という言葉が出て来ているので、簡単に説明しておきたい。サッカリンとは無色透明の結晶、もしくは白色の粉末の形状をしている「人工甘味料」の一つである。ショ糖の約200〜700倍の甘さがあるが、高濃度ではむしろ苦味を感じると言われている。カロリーが低いため、ダイエットを目的とした飲食物に使われることがある。

サッカリンは1960年代にアメリカで行われた動物実験により、弱い「発がん性」があると報告されたため、日本を含む世界各国で使用禁止になったが、後に先の実験結果が見直され、現在は発がん性がないという見方が定説となっている。

ただサッカリンを過剰に摂取すると血糖値が高くなる恐れがあり、また胃腸に負担をかけるとされているため、安全性の観点から法律で食品などへの使用量が規制されている。

本帖では「甘ければ砂糖でなくサッカリンでもよいではないかと申すことぞ」とあることから、サッカリンは砂糖に対して「悪者」扱いされているのは確かである。おそらくこの当時は、健康に対するサッカリンの有害性が強く唱えられていたのではないだろうか？

●真の善言真語には力がある

本帖後半では、「**真の善言真語には力がある**」という点に力点が置かれている。「**真の善言真語は心・言・行一致であるから直ちに力する、言葉の上のみ同一であっても、心・言・行が一致しておらぬと力せぬ**」と示され、真の「善言真語」に力があるのは「心・言・行」の三つが一致しているからだ、と説かれている。

このことを具体的に言えば、「善きことを心で思うこと」、「その思いが言葉として発せられること」、そして「その思いに適《かな》った行動をすること」の三つが一致していることである。

そんなことは当たり前だという者がいるかも知れないが、その当たり前のことが当たり前に出来ないのが「体主霊従、我れ善し」の人間なのであり、ほとんど全ての人間がこれに該当するから、神は神示として降ろしているのである。

「**同じ『ハイ』という返事でも、不満を持つ時と喜びの時では違うであろうがな**」とあるのはこのことを例示するものとして最良のものだ。イヤイヤ、渋々《しぶしぶ》する「ハイ」の返事は「口先」だけであり、心の中では反発している。「心・言・行」が見事にバラバラであるから、つまり「幽界霊」と同類ということになる。

また「**我《われ》は天照大神なり、などと名乗る霊にロクなものないぞ**」も同様の例示であるが、この場合は「心・言・行」が不一致であるばかりか、そのように口走る霊の正体が「真っ赤なニセモノ」であるというオマケまで付いているから、ある意味、滑稽《こっけい》である。

ところで「善言真語」の条件とされる「心・言・行」の一致については、第一巻「上つ巻」第一帖に次のように示されている。

口と心と行《おこない》と、三つ揃うたまことを命《みこと》というぞ。神の臣民みな命になる身魂、掃除身魂結構。

（第一巻「上つ巻」第一帖）

この神示では「口・心・行」と示され、本帖（第十四帖）「心・言・行」とは表現が異なっているが、意味は全く同じである（口は言と同義）。「口・心・行」の三つのマコトが揃った者が「命《みこと》」であり、別名「神人」であり、「身魂磨き」が相応に深化した者である。このような人間、つまり「命《みこと》（神人）」が発する言葉が真の「善言真語」ということだ。

最後に「**真の善言真語は心・言・行一致であるから直ちに力する**」の「力」について考えて見たい。ここでいう「力」とは、物を動かすような物理的な力（念力、念動力）でないことは推測出来るが、では具体的にその「力」とは何だろうか？

本帖に直接的な説明はないが、「心・言・行」の三つが一致した時に発揮される力であることから、それは他者の心（或いは魂）に直《じか》に作用する力と言ってよいだろう。他者の心（魂）の中に何の抵抗もなく流れ込み、心（魂）を揺さぶり、感動や勇気を与え、その者の行動や実践にまで善い影響を及ぼすものが「心・言・行」が一致した真の「善言真語」の「力」だと言えよう。

●カラオケマシンで100点を出す者の歌には「力」があるか？

卑近な例だが、このことを「カラオケ」で例えて見たい。今どきのカラオケマシンの中には高度な採点機能が付いていて、歌った者の点数が瞬時に出る仕組みになっている。これで満点（100点）を出すのは非常に難しいことではあるが、決して不可能ではない。

事実、あるテレビ局ではカラオケで100点出したら100万円を贈呈するというような番組までやっていたことがあるし、選抜された「歌うま」たちは普通に98点台、99点台を叩き出し、彼らの中で100点満点を出す者も決して珍しくはないのである。

100点満点だからさぞや完璧な上手《うま》さだろうと思いたいところだが、私の感覚はかなり異なるのが実際のところである。上手いと言えば確かに上手いのだが、ただそれだけなのである。感動とか感激があまりない。心の中にグサリと入ってくる感覚が希薄なのだ。明らかに何かが足りない。

カラオケマシンの採点機能は「音程の正確性」を基本として、これに「抑揚、しゃくり、こぶし、フォール、ビブラート、ロングトーン、安定性、リズム」など、多様な要素を精密に判定加味して合計点を出す仕組だそうだが、100点を出すにはカラオケマシンの採点機能の特性に応じて高得点を取れるように研究し、徹底的に訓練(練習)する必要がある。

それを成し遂げた者の努力には敬服するが、それでもやはり何かが足りないと感じてしまうのである。その足りない「何か」が、本帖で述べている「力」ではないのだろうか?

正確な音程や歌唱テクニックは「言・行」に相当する。このレベルは極めて高いのだが、肝心の「心」が伴っていなければ、カラオケマシンに対しては完璧でも、やはり人間に対して感動や感激を与える力とはなり得ないはずである。歌詞に込められた意味や情景を深く「心」に落とし込んで歌った時、それに感動するのはやはり人間だけであって、マシンがそれを採点することは不可能なことなのである。

カラオケマシンで100点を出すだけのテクニック(言・行)を持ち、更にその歌詞に込められた「心」までしっかり伝えられる歌手の歌ならいつまでも何曲でも聴いていたいものだが、このような「力」のある歌手は、プロでも極めて少ないようにと思う（勿論ゼロではないだろうが）。

カラオケマシンに絡めて、本帖の「善言真語の力」をこのように説明して見たが、如何であろうか？

第十五帖

審神《さにわ》は、場合によっては霊媒を誘導してもよいぞ、また霊に向かって常に愛を持って接しなければならんぞ。誰でも絶えず霊界とのつながりがあり、霊界からの呼びかけがあるから審神はそれを助け、導くように努力しなければならんぞ。

〈考察〉

●審神《さにわ》を務める者の心構え

本帖はかなり特殊な内容で、「審神《さにわ》を務める者の心構え」のようなことを説いている。従って、このようなことに関する知識や経験がない者にとっては、あまりピンと来ないと思われる(かく言う私も同様である)。

そこでまずは、多少なりとも「審神」のイメージを掴んでもらうため、「審神」について紹介している新聞記事を見ておこう。これは大正九年に発行された大本教団が所有する「大正日日新聞」からの引用である(情報源：黒川柚月著『岡本天明伝』ヒカルランド刊行)。

(引用開始)

さて、翌日もう一度、当時の大本で審判者として著名だった浅野和三郎に登場を願い、再び大正日日新聞本社から池澤源治郎・野村龍州を記録係として、自動車で大阪住吉区の万代池に向かった。今度は天明を神主(霊媒)、浅野和三郎を審神として鎮魂帰神法で霊を調べた。

すぐさま天明の体に、万代池の小島に住む半蛇龍神と名乗る半神龍体・半神蛇体の体をした女龍の霊が懸かった。

霊　「誤って罪を犯し、今からは古い昔の事、この島に押し込められて……」声がだんだん沈んで、すすり泣き始める。「この池で、大きな白い大きな蛇の姿を見た人あらば、これこそは妾《わらわ》の姿……」

審神「あなたの罪というのは」

霊　「苦しい、とても云《い》われぬ。云われぬ」神界で最も厳格な男女の道を踏み外したと見え、二千年余りこの島に幽閉の身にされた。

審神「最近、昇天せられたのは……」

霊　「大正九年八月二十一日」

審神「八月なら、先月で無いでしょう」

霊　「確かに先月ですが……」しきりに首を左右に振って考えている。

審神「旧暦でしょう。何の為にどこまで昇られたのでしょう」

霊　「お詫びのつもりで、唐の夢端《ゆめはし》、雲の山別れ……」面白い地名（？）に、

審神「雲の山別れとは」

霊　「恐ろしい雲のある山の別れ路、浮かんでいる雲の端それが雲の浮橋」

審神「その外《ほか》は何時《いつ》」

霊「確か、三月十六日午前八時二十七分二十七秒」恐ろしく細かい計算ぶりだった。昨日の玄関番いい加減な嘘を云ったな。五月なんて。

審神「昨日、懸かられたのは誰人《だれ》です」

霊「昨日は手下、つまらない蛇です。あんなものでも、あれでも時々面白い事をします」

鎮魂帰神が済んで帰る頃になると、俄《にわ》かに天が掻《か》き曇り、豪雨が降りだした。雷鳴が光るのを見た浅野和三郎は「半蛇さんの御見送りかな」と呟《つぶや》いた。

（引用終わり、『岡本天明伝』40～43頁）

以上の記事は「大正日日新聞上」に「神秘の扉」として実際に載ったものの一部である。お分かりのように、霊との交信は「審神」と「霊媒」がペアとなって行なうもので、引用文にもあるように、審神《さにわ》となったのは浅野和三郎、そして霊媒が他ならぬ岡本天明である。

霊媒役の天明に「半蛇龍神」と名乗る霊が憑かり、これに審神役の浅野和三郎が質問して、それに霊が回答するという形式で進められている。霊との対話はごく一部の引用なので、内容的に判然としない部分があるが、ここでは霊との交信がこのようにして行われていたというイメージを掴んで頂ければよいだろう。

（注：浅野和三郎は大本の大幹部で、激烈な立て替え論者であったことで知られている）

以上のことを踏まえた上で「審神を務める者の心構え」を見て行くと、まず「**審神《さにわ》は、場合によっては霊媒を誘導してもよいぞ**」とある。正直、これだけではよく分からないが、霊との交信を良好な状態で行うのが目的であるから、例えば霊との感応の程度に関することとか、より良い情報を引き出すために別の霊を招来するようなことなどが考えられる（私自身はこのような経験を有していないので、あくまで推測に過ぎない）。

次に「**霊に向かって常に愛を持って接しなければならんぞ**」とあるのは重要である。「愛」にも色々な側面があるが、ここでの愛は男女間の愛のような狭い領域のものではなく、広い心で差別なく受容するというような意味であろう。

交信が始まるまではどんな霊が登場するかは不明であるが、どんな霊に対しても差別的にならず〝ウエルカム〟の気持ちで臨むことが大切である。好奇心や恐怖心などが前面に出てしまえば、まともな交信になるはずがない。

最後に「**誰でも絶えず霊界とのつながりがあり、霊界からの呼びかけがあるから審神はそれを助け、導くように努力しなければならんぞ**」とあるのは、霊界と地上界との関係性が窺《うかが》われる興味深い部分である。「霊界とのつながり」や「霊界からのよびかけ」については、第十七巻「地震の巻」第三帖に次のように示されている。

地上人の内的背後には霊人があり、霊人の外的足場として、地上人が存在する。地上人のみの地上人は存在せず、霊人のみの霊人は呼吸しない。地上人は常に霊界により弥栄する。

（第十七巻「地震の巻」第三帖）

右のように「**地上人**」と「**霊人**」は「**内的背後**」と「**外的足場**」の関係にあり、それぞれが勝手に独立して存在しているのではないことを知らなければならない。

ただ、地上人にとって霊人は見えず、聞こえず、触れ得ずであるから、物理的な「つながり」を実感することは出来ないもどかしさがあることは確かである。それ故に、地上人にとって霊人は「内的背後」なのである。このような関係性が胸落ちすれば、審神《さにわ》において「霊界からの呼びかけを助け、導くように努力」すべきことの重要性が理解されるであろう。

第十六帖

始めに出て来る霊はほとんど下級霊であるぞ、玄関にまず出て来るのは玄関番であるぞ。祖霊の出る場合は、何か頼みたい場合が多いぞ、浄化した高級霊ともなれば、人民にわかるような感応はほとんどないぞ。

〈考察〉

●霊との交信における一般的な傾向

本帖は、霊との交信における「一般的な傾向（＝通常のよくあるパターン）」を述べたものであり、現代の我々にとってもよい参考となる情報である。

「**始めに出て来る霊はほとんど下級霊であるぞ**」とは、霊との交信において最初に霊媒に憑かる霊のほとんどは「下級霊」であるとの教示である。逆に言えば、最初から「上級霊」が出ることは滅多にないということであって、このことを「**玄関にまず出て来るのは玄関番であるぞ**」と例示しているのである。その家を訪問した時、初めに出て来るのは玄関番の霊（下級霊）であり、家の主人（上級霊）は最後に登場するという寸法である。

前帖（第十五帖）の考察において、霊媒に憑《か》かった霊と審神者《さにわ》が問答している場面の一例を紹介したが、その中に「昨日の玄関番いい加減な嘘を云ったな。五月なんて」という部分がある。ここに「**玄関番**」という霊が登場しているのは、正に本帖で述べていることの実例そのものである。

次に「**祖霊の出る場合は、何か頼みたい場合が多いぞ**」とあるのは、これもそのものズバリであって特段の説明は不要であろう（「祖霊」とはいわゆる「先祖霊」のことである）。祖霊が交信して来る場合は「何らかの頼み事」が多いということであるから、例えばその者が生前やり残したことの実行を依頼するとか、先祖霊の祀り方を示すなどのようなことではないだろうか？

最後に「**浄化した高級霊ともなれば、人民にわかるような感応はほとんどないぞ**」とあるが、これについては、これまで度々登場していることの繰り返しである。しかしこれをもって「その話は何度も聞いた（読んだ）」などと言ってはならない。

何故なら、日月神示において同じ内容が何度も繰り返して登場するということは、人民にとってそれが極めて重要であるが、肝心の人民がさっぱり気が付かない（或いは軽く見ている、守らない）ことの裏返しであるからだ。

例えば日月神示の中核とも言うべき「基本十二巻」においては、「身魂磨き」や「メグリ取り」を含んだ帖文がこれでもかと言うほど数多く登場しているのは読者も承知していると思うが、このことを「その話は何度も見た（読んだ）からもういい」では絶対に片づけられないことは重々お分かりだろう。

臣民にとって「身魂磨き（＝メグリ取り）」ほど重要なことはないからこそ、くどいほど何度も出て来るのである。

これと同様に「人民にわかるような高級霊の感応はほとんどない」ことを知ることは極めて

重要なのである。何故なら、霊との交信を望む者が「低級霊」や「動物霊」を期待したりそれで満足する訳がないからである。

なまじっか少しばかり神理をかじった者の多くが鼻高《はなたか》となって、自分は高級霊と交信出来る（そのレベルに達した）のように思い込みたくなるのは人の常である。しかしそのように思い込むこと自体がまだまだ身魂が磨けていない証拠であり、つまりは「体主霊従」のままであることを肝に銘じて頂きたい。

●岡本天明に憑かった霊のほとんどは低級霊や動物霊だった

ここで参考情報として、岡本天明のことを少し語ろうと思う。

天明は霊媒としての能力に長《た》けていて、大本教団に在籍していた時も、浅野和三郎らと共に鎮魂帰神法を修していた。これについては第三帖の考察で述べた通りであるが、大事なことは天明が霊媒の役を重ねるほどに、自分に憑かる霊が低級霊や動物霊ばかりなので、さすがにウンザリして霊媒の役目に嫌気がさしていたという事実である。

実は天明のこの経験が日月神示を自動書記した初期の頃にハッキリと現れているのである。

天明は当初、自分が書記した漢数字だらけで暗号のような日月神示の原文をほとんど読むことが出来なかったが、これまで自分に憑かった霊にロクなものがいなかったので、今回も同じだろうと思って、せっかく書記した日月神示の原文を当時奉職していた鳩森八幡《はとのもりはちまん》神社の社務所に放置していたのである。

もしそのままの状態が続いていれば初期の日月神示原文は散逸し、今のような形で伝わっていなかった可能性もあったであろう。しかし、さすがにこれは神仕組である。天明の同僚であった法元辰二《ほうがんたつじ》という鳩森八幡神社の禰宜《ねぎ》が神示原文を大変気に入り、しかもそれをキレイに筆写までして保存していたのである。

このようにして日月神示原文は保存され、やがて翻訳されて世に出ることになった次第である。

「因縁の身魂」であった岡本天明でさえ、霊憑かりのほとんどは「低級霊」や「動物霊」だったのであるから、ましてや我々の場合など推《お》して知るべしということだ。

第十七帖

霊の要求ぢゃと申して、そのまま受け入れてはならんぞ、よく判断した上で処理せねばならん。下級霊、動物霊の場合は酔いどれのように箸《はし》にも棒《ぼう》にもかからんことを申すものぞ。ことにその霊が病気に関連を持っている場合は微妙であるから、よく心得なされよ。悪い企て、悪い行為ぢゃとて、直ちに決めつけてはならん、やんわりともちかけて善《よ》きに導かねばならんぞ。悪を嫌う心があってはならん、悪抱き参らせと申してあろうがな。邪道的要求を容れて一時的に病気を治すと、それに倍してブリ返すぞ、この呼吸大切。

〈考察〉

●下級霊や動物霊を審神する場合の心構え

本帖は「下級霊や動物霊を審神する場合の心構え」について教示したものである。

大前提として**「霊の要求ぢゃと申して、そのまま受け入れてはならんぞ、よく判断した上で**

処理せねばならん」とあるのは、常識的に見ても当然のことである。これまでも見て来たように、「初期の霊憑かりのほとんどは低級霊や邪霊」なのであるから、特に注意が必要である。

下級霊や動物霊が霊媒を通して伝えて来ることは、「**酔いどれのように箸《はし》にも棒《ぼう》にもかからん**」ようなことだとある。要するに一貫性がなく支離滅裂な内容の話をして来るということだろう。

このような霊に接した場合は、「**悪い企て、悪い行為ぢゃとて、直ちに決めつけてはならん、やんわりともちかけて善《よ》きに導かねばならんぞ**」と示されているように、単に「悪い」とか「間違い」だと指摘して断じるのではなく、やんわりと「善導」せよと神は教えていることが大きな特徴である。

私はこの「やんわりと善導する」方法の一つとして、カウンセリングにおける「傾聴《けいちょう》」のやり方を思い出す。カウンセリングにおける「傾聴」は、カウンセラーに必要な能力の中でも最も基本的かつ重要なもので、相談者が述べる心の問題や悩みを「善悪」や「正邪」の判断を交えることなく、全肯定してそのまま受容することである。

これにより相談者は、カウンセラーが自分の気持ちをしっかり受け止めてくれることを確認出来ることになり、実効性のあるカウンセリングへと発展し易くなるのである。相手が低級霊や動物霊でも基本的には同じことで、違いはその者が霊体であるということだけである。

「**悪を嫌う心があってはならん、悪抱き参らせと申してあろうがな**」とあるのも同様である。最初から「こいつは悪い奴（に違いない）」などと決め付けて対峙したのでは、「やんわりと善導する」ことなど出来る訳がない。

さて本帖では「審神」の対象となる下級霊や動物霊が「**病気に関連を持っている場合は微妙であるから、よく心得なされよ**」とか「**邪道的要求を容れて一時的に病気を治すと、それに倍してブリ返すぞ**」などと、「病気」に関することが特出しで降ろされている。

ここで言う「邪道的要求を容れて病気を治す」とはどういうことだろうか？　おそらくは霊がこの世を去った大きな理由が「病気」であり、霊となって「幽界」に住んでいても、尚も病気のことで苦しんでおり、そのために審神者に対して「この病を治してくれ」と要求することが前提になっているのではないかと考えられる。

審神者がどのようにして霊の病気を治すのかは定かではないが、相手は肉体ではなく霊体であることから、「気」や「念」のような波動を送る「心霊治療」によって為されるのではないかと推測される。

ただこれによってその霊の病が治ったとしても、それは「**一時的**」であり、結局は「**それに倍してブリ返すぞ**」と神示は告げている。

この意味は、病気とはその霊の「メグリ」そのものであるから、一時的に他人の力によって良くなっても（そのように見えても）、結局それは根本的解決ではないから「新たなメグリ」を積むことになり、結果「倍してブリ返す」ということであろう。

これ故に、病気を抱えている霊と関わるのは「**微妙**」なのであり「**この呼吸大切**」なのである。

第十八帖

霊に⦿神《ひつぐ》示を読んで聞かせて見よ、その偉大さがハッキリわかるぞ。どんな下級霊であっても、その霊を馬鹿にしてはいけない、馬鹿にすると反射的に審神者《さにわ》を馬鹿にして始末におえんことになるぞ。霊覚者や行者の中には奇跡的なことや非常識な行動をする者がよくあるぞ、一般の人民はそれに騙《だま》かされることがよくあるぞ、いずれも下級霊の仕業《しわざ》であるぞ、正神に奇跡はない、奇跡ないことが大きな奇跡であるぞ、奇跡するものは亡びる。高級霊は態度が立派であるぞ、わかりたか。

〈考察〉

本帖にも霊と関わる場合の重要事項が降ろされている。順に見て行こう。

●霊に日月神示を読んで聞かせよ

冒頭の「**霊に⦿《ひつぐ》神示を読んで聞かせて見よ、その偉大さがハッキリわかるぞ**」は、書かれている通りの意味に採るべきものである。ただ「(神示の)偉大さがハッキリわかるぞ」とはあるが、これは審神者が霊と対峙している状況で、直接、日月神示を読みきかせた時にその霊がどのような反応を示すかによってハッキリわかるということだと思われる。

これに関連するが、第十四帖の考察において、天明が霊媒となった時に「半蛇龍神」が憑かり、浅野和三郎が審神となって霊と問答したという記事を引用したが、実はこれには興味深い「続き」がある。前掲の『岡本天明伝』から引用して紹介する。

（引用開始）

実は半蛇龍神はこっそり、大正日日新聞本社まで天明に乗り移ったまま帰ってきた。そのまま〝岡本ホテル〟（注：天明の住居のことであろう）に残って修行したいと、中々離れようとしなかったのだ。

改心の程《ほど》を見せようと、朝から箒《ほうき》を持ち掃除を始めた。天明に出口直の御筆先を読んでくれと頼み、天明に拝読して貰《もら》い喜んだ。未だ大本に入信数ヶ月の天明は、この時初めて御筆先を読み、その経験から一端《いっぱし》の御筆先博士になった。その後、暫《しばら》くして半蛇龍神は「六甲から恐ろしい方が懸かっておられるから……」と言いながら天明から離れていった。

（引用終わり、『岡本天明伝』43頁）

この引用文で注目されるのは、半蛇龍神が「出口直の御筆先」いわゆる『大本神諭《おおもとしんゆ》』を読んでくれと天明に頼み込んだことである。つまりこの霊は御筆先が真正の神典であることを知っていたから、その具体的な内容を知りたくて頼み込んだと思われるのだ。このことから判断すると、この半蛇龍神はそれなりの神格をもった霊であったことがわかる。

本帖では「霊に⦿《ひつぐ》神示を読んで聞かせて見よ」とあって、霊からの依頼があった場合に限定したことではないが、やはり半蛇龍神がそうだったように、真正の神典（本帖では日月神示）を読み聞かせることは、霊にとって極めて得難い神理波動に直接触れる機会であると言えよう。

ただ今現在の状況は、当時の天明が行った鎮魂帰神法のような修法は一般的ではないので、我々がそのような場面を体験する機会はほとんどないと思われる。とは言え、日月神示は我々に対して「声を出して神示を読め」と教示しているのであるから、これによってあの世の霊たちに神理の波動を送ることが出来ることに変わりはない。

●どんな霊でも馬鹿にしてはならない

二つ目は「**どんな下級霊であっても、その霊を馬鹿にしてはいけない**」ということである。

霊に接する態度や心構えについては、「**霊に向かって常に愛を持って接しなければならんぞ**」

（第十四帖）とか、「**悪を嫌う心があってはならん、悪抱き参らせと申してあろうが**」（第十七帖）などと示されているが、本帖ではこれに加えて「その霊を馬鹿にしてはいけない」と教示している。

注意すべきは「どんな下級霊であっても」という条件が付いていることで、例え憑依（感応）した霊がどれほど幼稚であろうと非常識であろうと支離滅裂であろうとも、決して見下して馬鹿にしてはならないのである。

敢えてこのような指示があるということは、天明の時代の交霊実験などで同じような状況が実際にあったからかも知れない。人間の陥りやすい傾向だということであろう。霊と言っても、それらのほとんどは「幽界」に存在しているので「体主霊従」の性来であることに変わりはない。つまり、地上世界の人間と同じなのである。

「体主霊従」である者同士の一方が他方を馬鹿にしたら、その結果は推して知るべしだ。まともな交信など成立する訳がない。「**馬鹿にすると反射的に審神者《さにわ》を馬鹿にして始末におえんことになるぞ**」とはこのようなことを意味しているのであろう。

●霊能者や行者は奇跡的なことを求める

三つ目は「奇跡」に関することである。まず「**霊覚者や行者の中には奇跡的なことや非常識な行動をする者がよくあるぞ**」とあるが、ここでいう「霊覚者」と「行者」は、地上界で生きている者（肉体人）を指しており、その者が死んで霊になったことではないので勘違いしないで頂きたい（個人的な感想であるが、「霊覚者」という語感からは「霊格が高い者、悟った者」というイメージがあるので、「霊能者」と表現した方がピッタリすると思っている）。

霊覚者や行者は一般的に霊的、超自然的な能力の獲得を求める傾向が強いから、一般人にとって彼らの行動は「奇跡的」或いは「非常識」に映ることは容易に想像がつく。その結果「**一般の人民はそれに騙《だま》かされることがよくある**」と神示は述べているのだ。

例えば、その者の人生の主要な出来事や現在抱えている悩みごと、患っている病気、その他仕事や家族のこと、交友関係など、普通なら誰も知らない（知るはずがない）ことを、初対面の霊覚者や行者にズバリ言い当てられたら、本人にとっては正に「奇跡」としか思えないはずだ。その結果、無条件に信じ込んでしまい、挙句《あげく》の果ては騙されるということになる。

そのような霊覚者や行者の行為は「**いずれも下級霊の仕業《しわざ》である**」と示されているように、

彼らが奇跡的（に見える）行動をするのは、下級霊と感応しその霊が伝える情報に基づいているからだと推測される。
勿論、騙される側の一般人も同一の波長に感応し易い性向を持っているからであって、この意味では、騙されることの責任の半分は一般人にもあると言える。これについては、第十一帖と第十二帖に次のように示されていたことを思い出していただければ、より理解が深まるであろう。

動物霊が何故祖先のことを知るかと申せば、その憑依の対照となる肉体霊の知っていることを、直ちに知る（り）得るからである。
（五十黙示録第四巻「龍音《りゅうおん》之巻」第十一帖）

動物霊でも他の霊でも人間に感応したならば、その人間の持つ言葉をある程度使いこなせるのであるぞ
（同巻第十二帖）

●奇跡がないことが大きな奇跡

そして「奇跡」についてはもう一つ、極めて大事なことが述べられている。それは言うまでもなく**「正神に奇跡はない、奇跡ないことが大きな奇跡であるぞ」**ということだ。ここでは「正神」とあるが、下級霊との対比で述べられているので「高級霊」と同義に捉えてよいだろう。

下級霊は霊覚者や行者を使って奇跡的なことや非常識なことを好んで行うが、正神（高級霊）はそのようなことには一切関知しないということである。「奇跡ないことが大きな奇跡」という逆説の意味をよく味わうべきである。何故なら**「奇跡する者は亡びる」**と神が断言しているからだ。

第十九帖

霊の発動を止めて静かにする法は、「国常立大神《クニトコタチノオオカミ》、守《まも》り給え幸《さき》はえ給え」と三回繰り返すこと、また、「素盞鳴大神《スサナルノオオカミ》、守り給え幸はえ給え」と三回繰り返すこと、または「太日月地大神《オオヒツキクニオオカミ》守り給え幸はえ給え」と三回繰り返すこと。世界そのものの霊かかり、日本の霊かかり、早う鎮《しず》めんと手におえんこととなるが、見て御座れよ、見事なことを致して御目《おんめ》にかけるぞ。

〈考察〉

●霊の発動を止める法

本帖は「龍音之巻《りゅうおん》」最後の帖である。最後の最後に、神は「**霊の発動を止めて静かにする法**」を教示しているが、これはいわばとっておきの方法であり「最後の拠り所」とも言えるものである。

霊と関わることは、ほとんどの場合下級霊（低級霊）や動物霊が相手なので、これまで述べて来たような弊害や危険性がつきまとうことは必然である。岡本天明と浅野和三郎が行っていた鎮魂帰神法のように、霊的な知識を有し修法にも習熟している者が行う場合はまだしも、一般人が面白半分に霊と交信することは、常に危険と隣り合わせであることを忘れてはならない。

そうは言っても「恐《こわ》いもの見たさ」の誘惑に負けて、のめり込む者が出ることもまた人の常である。このような時、例えば霊との感応が強くなって手に負えなくなり、「やばい」状態になりそうな時の対処法が、本帖の示すことだと捉えられる。この意味で「最後の拠り所」なのである。

具体的な対処法を纏めると、次のようにいずれかの大神の御守護を「三回」繰り返して念ずることとされている。

◎国常立大神《クニトコタチノオオカミ》、守《まも》り給え幸《さき》はえ給え

◎素盞鳴大神《スサナルノオオカミ》、守り給え幸はえ給え

◎太日月地大神《オオヒツキクニオオカミ》　守り給え幸はえ給え

この場合、「声に出す」か或いは「黙唱」でもよいかという選択の問題があるが、日月神示を霊に聞かせるには「音読」がよいとされているので、私なら当然声に出す方を選ぶ。

注意すべきは、右に挙げた大神への御守護祈願を単に機械的に繰り返しても効果はないということだ。そんな都合の良いことを期待してはならない。常に大神を信じ、まつろう気持ちが根底になければ何もならないのは明らかなことである。

また、よく「言霊」そのものに霊力があるから、それを宣《の》るだけで霊力が発動すると説く（信じる）者がいるが、私はこれにも与《くみ》しない。言霊の霊力が発動するためには、それを宣る者の「口、心、行」の三つが伴っていなければ「マコト」に成り得ないからだ。

本帖の後半から最後までは「**世界そのものの霊かかり、日本の霊かかり、早う鎮《しず》めんと手におえんこととなるが、見て御座れよ、見事なことを致して御目《おんめ》にかけるぞ**」と降ろされている。文意的には「霊かかりを鎮める」ことがテーマであるが、ここでは対象が「世界」と「日本」の霊かかりとなっていて、「見事なことをして御目《おんめ》にかけるぞ」とある通り、これは神が主導して霊かかりを鎮めるとの宣言と解される。

こう言えば何となく安心して、自分は関係ないと思う者がいるかも知れないが、それは大きな間違いである。何故なら「霊かかり」になっているのは「世界中の人間」であり、また「日本中の人間」であるからだ。つまり神は、日本を含む世界中の「人間」の霊かかりを鎮めるために「見事なこと」を致す、と宣言されているということなのだ。「世界」とか「日本」という言葉に騙されてはならない。

このように捉えれば、神がなさる「見事なこと」がどのようなことなのか、凡そ見当はつくであろう。日月神示は「逆説」に満ちているのだから。

〈第四巻「龍《りゅう》音《おん》之巻」了〉

【第四巻「龍音之巻《りゅうおん》」あとがき】

〈日月神示の初発降下は「霊界通信の原則」とかけ離れている——第三帖関連〉

五十黙示録第四巻「龍音之巻《りゅうおん》」には大きな特徴がある。それは本文でも触れているように、内容のほとんどが「審神《さにわ》」に関するものであることだ。全十九帖のうち最初の2帖を除き、残りの17帖がそうである。

また読者も感じていると思うが、「龍音之巻」は五十黙示録の他の巻に比べて内容も文章も「分かり易い」のが大きな特徴である。その理由は「龍音之巻」が人民に「審神」の方法を教えるものであるから、内容が具体的かつ明瞭でならなければならないからであろう。

他の巻のように抽象的、観念論的な文章では、「審神」の方法を教示することなど出来る訳がない。

「審神」の方法については第三帖から降ろされているが、この帖で説かれている「霊界通信の原則」は極めて重要なものである。これらは心霊分野に踏み込む（関わる）時のよき判断基準になるものであるから、読者はしっかり覚えておかれたらよい。次に再掲する。

◎高度な霊界通信ほど肉体的感応が弱くなり、その内容は暗示的となる。
◎下級霊の感応は極めて強く、しかも尤《もっと》もらしく人民の目に映る。
◎高級霊の通信が人間に伝達される時は、霊的な段階を介して行われる。
◎特別な使命を持つ天使は、最下級の霊界に降りて直接人間に通信（指示）することがある。
◎末世には天使の霊が母体に宿り、人間として生まれることが多くある。

右の「五原則」を読めば誰でも「なるほど」と思うものばかりであるはずだ。否定する材料は何もない。しかし、岡本天明が初めて日月神示を降ろした時の「強制的な自動書記」の状況は、ほとんど暴力的と言えるものであったから、とてもじゃないがこの原則通りでないことはハッキリしている。

私はこの矛盾に直面した時、正直、悩みに悩んだ。日月神示が下級霊や動物霊から降ろされる訳はないが、さりとて国常立大神からの霊界通信が、暴力じみた手段によっていることもおかしいからである。何しろ右の「五原則」の最初に「高度な霊界通信ほど肉体的感応が弱くなり、その内容は暗示的となる」とあるのだから、天明の場合は真逆であった。

随分悩んだ結果、ハッキリしていることから逆に考えれば謎解きの手掛かりが得られるのではないか？　と思い立った。ハッキリしていることは二つあり、まず日月神示はその内容からして間違いなく高級神霊（国常立大神）からの通信であること、それと天明がその初発を降ろした時に「暴力的な強制力」が働いたことの二点である。

ここから導き出された結論は唯一つである。それはその時（＝昭和19年6月10日）その場所（＝麻賀多《まかた》神社）において「どんな手段を用いてでも、必ず岡本天明に書記させなければならない」という神界側の事情があった、ということだ。

つまり「日月神示」は神仕組上最重要な神典であるから、昭和19年6月10日、千葉県の麻賀多神社でその初発を降ろさなければならないという「絶対的なしばり」があったということである。私はここに気付いたことで、先の「強制的な自動書記」の理由について納得したのである（詳しくは本文で述べた通りである）。

ここで日月神示初発の場所が「麻賀多神社」でなければならなかった理由は、読者にもよくお分かりであろう。日月神示を降ろしたのは国常立大神（「国祖様」とも言う）であるが、神示降下に際しては「アメノヒツクノカミ（天日津久神）」という御神名を用いている。その神を祀っているのが「天日津久神社《あめのひつく》」であるが、この神社は前記「麻賀多神社」の末社として同神社の境内に建立されているからである。

また、日月神示の初発降下が「昭和19年6月10日」でなければならなかったことも、神仕組上の決定事項であったと考えられる。事実、天明は神の糸に導かれるようにこの日に麻賀多神社に詣でているのである。

何故「昭和19年6月10日」でなければならなかったのか？　その理由については次節で述べる。

〈日月神示初発の降下が「昭和19年6月10日」であった理由〉

日月神示の初発降下が「昭和19年6月10日」であったことの理由は二つ考えられる。一つは「大東亜戦争」との関係であり、もう一つは江戸時代の「富士講《ふじこう》」との関係によるものである。

まず「大東亜戦争」との関係について述べると、昭和19年6月は大東亜戦争も後半に入った段階であって、形勢としては日本の敗戦がハッキリ見えて来た時期である。

日月神示がこのような時の日本に降ろされたのは、日本の最初の「岩戸開き」が「大東亜戦争」に負けることと〝セット〟であったからである（しかもその中には「原爆」投下までが含まれている）。

これを逆に見れば、日本の最初の「岩戸」を開くためには、「原爆」を落とされて「大東亜戦争」に負けなければならなかったということであり、その日本の「敗戦」がハッキリして来たのが昭和19年6月なのである。誠に凄まじい「逆説」と言うしかない。

このことの詳細は既刊の拙著の中で詳しく解説しているので繰り返さないが、正しく昭和19年6月以降、日本は敗戦に向けて坂道を転がり落ちて行ったのである。

二つ目の「富士講」との関係では「6月10日」が最も重要なカギになる。これについては拙著『謎解き版［完訳］日月神示「基本十二巻」全解説　第一巻』に格好の解説文があるのでそれを引用することで説明に代えたい。

〈引用開始〉

ところで日月神示の初発は「六月十日」であるが、私はこの日付には重大な意味が込められていると考えていた。日月神示は「大本《おおもと》」からの流れを色濃く引き継いでいるので、先行する大本の祭祀《さいし》にヒントがあるのではないかとも考えたが、はっきりと「六月十日」に該当するものは見当たらなかった。長い間手掛かりが見つからなかったが、『岡本天明伝』の著者、黒川柚月氏が有力な説を唱えておられる事を知り、それには私も深く頷く所があるのでここに紹介しておきたい。

黒川氏によれば、「六月十日」とは「ミロクの世」に向けた「出発の日」であると言う。実は、江戸時代の「富士講」中興の祖と言われる「食行身禄《じきぎょうみろく》」という行者が、「ミロクの世」を招来するために、富士山で入定し即身成仏になる目的で江戸を出発したのが、享保十八年（１７３３年）六月十日であった。昔は旧暦であったから、満月である六月十五日には頂上に辿り着いて、翌朝の御来光を迎えるのが何よりの果報であると考えられ、そこから逆算して五日前の六月十日に出発したということのようである。

「富士講」とは富士山を信仰する講組織であるが、岡本天明が奉職していた鳩森八幡神社境内には、その「富士講」が建立した最古の「富士塚」が存在し、日月神示に預言された「◉の米（＝お土米）」が富士塚から出て来ている（第一巻第五帖参照）。そして何よりも、神示冒頭に「富士は晴れたり、日本晴れ……」とあるように、「富士」が神国日本の象徴であり、同時に至高の聖地とされている。この富士が「日本晴れ」になることこそ「ミロクの世」到来を意味する。

このようなことから、「富士講」の「食行身禄」行者が、「ミロクの世」招来のため「富士」を目指して出発した「六月十日」を、日月神示の神が神示初発の日として選んだと考えるのは極めて理に適っているし自然でもある。行者の名前が「食行身禄」と「みろく」の読みを当てている事も偶然とは思えない。

よって私も、黒川氏の説が真実か若しくは真実に近いと考えている。

〈引用終わり、前掲書27～28ページ、一部修文〉

以上述べたように、二つの理由によって「昭和19年6月10日」に日月神示の初発が降ろされなければならなかったということである。このことが例の「強制的な自動書記」の原因（のひとつ）になったと考えられるのである。

ところでこのように述べると、では岡本天明が「昭和19年6月10日」に「麻賀多神社」に行ったのは偶然ではなく〝必然〟であったということなのか？　しかし、東京にいる天明がその日ピッタリに千葉県の麻賀多神社に行ったというのは話が出来過ぎていないか？　こじつけではないのか？　と思う者がいるだろう。

ごもっともな疑問である。確かに「出来過ぎ」のように思える話であるが、これはこじつけでも何でもなく「必然の結果」であったのである。そこには目に見えない「神の糸」があって、これによって天明が導かれたとしか言いようがない流れが見て取れるのだ。

詳しくは次節以降で。

〈天明が昭和19年6月10日に麻賀多神社に詣でた経緯〉

五十黙示録各巻の「考察」の後に「あとがき」を付した目的は、その巻に降ろされた内容に関する全体的な振り返りや補足説明、或いは各帖間の関連性などについて述べることにより、読者の理解が深まるための参考にすることである。

ただ第四巻「龍音《りゅうおん》之巻」については、本文で述べたことの他に「あとがき」に書くべき内容はほとんどないことから、視点を変えて、昭和19年6月10日に岡本天明が千葉県にある「麻賀多神社」で日月神示の初発を自動書記したことの経緯について、詳しく述べて見たいと思う。前節で述べた「出来過ぎのような話」がどのようにして生起したのか？　これを知ることは「因縁の身魂」が「神の糸」に導かれていることを知ることでもある。

そこでまずは、天明にとって次の三点が揃っていなければ、「昭和19年6月10日」に「麻賀多神社」において日月神示の初発を自動書記することは絶対になかったことを確認しておかなければならない（逆に言えば、次の三点が全て揃ったため、天明は日月神示の初発を降ろすことが出来たということになる）。

・天明は如何にして「麻賀多神社（と天之日津神社）」の存在を知ったのか？
・天明が「麻賀多神社（と天之日津神社）」に参拝しようとしたのは何故なのか？
・天明はどうして昭和19年6月10日に参拝に行ったのか？

以下、それぞれについて黒川柚月氏の『岡本天明伝』を参考にして話を進めて行くが、なるべく具体的に説明するために少し文章量が多くなると思われる。この点、ご了承頂きたい。

●天明は如何にして『麻賀多神社（と天之日津神社）』の存在を知ったのか？

天明の友人に高井是空《ぜくう》という人物がいた。彼は天明が奉職していた鳩森八幡神社の氏子総代であったが、一方において神代の歴史研究家でもあり、古事記や日本書紀を始めとする正史以外にも、学問的には偽書とされる史料も参照して神代の歴史を研究していた。

昭和19年4月8日、高井が開いた会合の席上で、天明が何気なく発言した「神代のわからない事跡は、神霊に問えばよい」ということが発端となって、結局、天明が主宰する「フーチ」によって神霊に問うことになった。

注：「フーチ」とは中国に古くから伝わる神霊と感応する方法の一つで、神霊を祀った祭壇の前で「チボク」と呼ばれるT字型の棒の二股の先を二人の人間が持ち、チボクの先端を砂盤に置くのであるが、この状態で神霊が降りると、砂盤上に自動書記が始まるというものである。

それから10日後の4月18日、フーチによる神霊実験会が開かれた。天明は15～16人の参加者の前で司会を務めながら実験を進行したが、その時フーチを体験した全員に「ひつく」や「日月のかみ」、また「天之日月神」等の自動書記が降りるという現象が出現した。

摩訶不思議な現象に、参加した全員が驚きを隠し得なかったが、しかし天明がその時降りた御神名について質問したことには返答がなかった。

天明はフーチで降りた「天之日月神」という神名が、古事記や日本書紀に記述がないこと、またフーチに降りる神霊には高級神が多くないことを体験的に知っていたので、心中では「天之日月神」は高級神ではなく「低級霊」に違いないと思ってタカをくくっていた。

数日後、実験会に参加した一人が平凡社の『世界大百科事典』を調べた所、「天之日津久神社」が千葉県印旛《いんば》郡公津《こうづ》村台方《だいかた》に存在する「麻賀多神社」の境内末社として実在していることを発見し、大喜びで天明に報告して来た（注：千葉県印旛郡公津村台方は、現在、千葉県成田市に編入されている）。

しかしこの時の天明は、それでも信憑性に欠けるとして特段の興味を示さなかった。

ここまでを纏めると、天明が「天之日月神」という神名を知ったのは、自分が提唱した「フーチ」の実験会においてであった。さらに実験会に参加した中の一人から「天之日月神」の神名を冠する「天之日津久神社」が千葉県印旛郡公津村台方に鎮座する「麻賀多神社」の境内に末社として存在することが知らされたのである。

このようにして天明は「麻賀多神社（と天之日津神社）」の存在を知ったのであるが、（繰り返すが）この時の天明は、「天之日月神」は低級霊がそのように振舞っていると信じていて、決して高級神霊だとは思っていなかったのである。

そのような天明が「麻賀多神社」へ行くことになったのは何故だったのだろうか？

●天明が「麻賀多神社（と天之日津神社）」に参拝しようとしたのは何故なのか？

●天明はどうして昭和19年6月10日に参拝に行ったのか？

（右の二つは同じ流れの中で生起しているので、纏めて説明する）

フーチの実験会から一ヶ月ほど経った昭和19年5月のある日、高田集蔵《しゅうぞう》が天明を訪ねて来た。高田は哲学者で当時最高の知識人の一人とされ、日月神示の解読に関しては天明のブレーン的な存在だった人物である。

高田が訪問した目的は「酒」への誘いであった。高田集蔵曰《いわ》く、「いつもお神酒《みき》を飲ませてもらっているので、今度はこちらが酒を御馳走したい」と。

天明も高田も酒が大好きであったが、当時は戦時下のため酒も配給制で入手が難しかった。しかし天明が奉職していた鳩森八幡神社には「お神酒《みき》」用に下げ渡された酒があったので、天明はそれをコッソリ高田に分けていたのである。

いつも酒で天明の世話になっていた高田が、今度は自分が天明に酒を御馳走するということで訪問したのであった。

高田集蔵の友人に小川源一郎《げんいちろう》という人物がいた。彼は濁酒《どぶろく》造りの名人で、高田は天明と一緒に、今度小川家に酒を飲みに行こうと誘ったのである。小川源一郎の家は千葉県印旛郡公津村北須賀にあり、東京からそれほど遠くない場所である。

この誘いに天明が一も二もなく同意したのは言うまでもない。ちなみに小川源一郎は地元の名士で、後年、公津村の村長を務めている。

戦争中であったため、汽車の切符を買うのも事前申告を必要としていたが、何とか手続きをして切符を入手し、さあ出掛けようとしていた矢先の6月9日の夕方、高田集蔵が再び姿を見せて天明に次のように告げたのである。

それは小川源一郎から連絡があって「急な来客の為、濁酒を全て飲んでしまった。次の酒が出来るまで訪問を待って欲しい」ということであった。

せっかく切符まで買ったのにと残念がっていた天明であったが、ここで小川家の住所が「天之日津久神社」がある印旛郡公津村であることに気が付いたのである。つまり酒を飲みに行こうとしていた小川家がある場所と、例の「フーチ」実験会の流れで明らかになった「天之日津久神社」の鎮座地が同じ村だったのである。

これで天明はハッと気が付いた。「神は酒で自分を釣って呼び寄せている」のだと！　この辺りの霊的直観はさすがに天明である。彼は直ぐに「天之日津久神社」に参拝することを決めた。明けて6月10月の午前、天明は常磐線に乗って千葉県印旛郡公津村台方の麻賀多神社へと出発した。「天之日津久神社」は「麻賀多神社」の末社として同神社の境内にあったからである。

以上が「酒」に釣られた天明が、小川家の都合がつかなくなったため、目的地を麻多神社へと変更したことの流れである。この時、小川家の都合が悪くなったことの連絡が「6月9日」

であったため、天明が麻賀多神社へ赴いたのは翌日の「6月10日」となったのである。

ではここで一連の流れを整理しておこう。

・天明が提唱した「フーチの実験会」で「天之日津久神」という神名が降りる。
　↓
・参加者の一人が千葉県印旛郡公津村に「天之日津久神社」が実在することを発見して天明に知らせるが、天明は低級霊だと判断して感心を示さず。
　↓
・高田集蔵が天明を誘い、千葉県公津村の小川源一郎宅に濁酒《どぶろく》を飲みに行くことになる。
　↓
・切符を買って行こうとした矢先の6月9日、小川源一郎から急な来客で酒を全部飲んだとの知らせが入り、酒を飲みに行く話がチャラになる。
　↓
・天明は小川家と天之日津久神社が同じ村（公津村）にあることに気付き、神が自分を「酒」で釣って呼んでいることを確信し、参拝を決心する。

・こうして参拝のために6月10日に出発し、参拝後、麻賀多神社の社務所にて日月神示の初発を自動書記することになる。
←

昭和19年6月10日、岡本天明に日月神示の初発が降りた背景と経緯には、右のような流れがあったのである。大事なことは、この流れがどこか一箇所でも切れていたら、絶対に「6月10日」の神示降下はなかったということだ。

この流れを見ると、私にはまるで「神の糸」が張り巡らされていて、それに導かれていたと感じられてならないのである。そうでなければ、昭和19年6月10日、千葉県の「麻賀多神社」で日月神示の初発が降りることはなかったのだから。

神仕組とは、我々から見るとまるで偶然の出来事が連なって進展成就するように見えるものなのである。読者はどのように思われるだろうか？

しかし話はこれで終わりではない。ほとんど知られていないが、実に不思議な「続き」があるのだ。

〈天明、謎の老婆に酒を振舞われ食事もご馳走になる〉

このような流れを受けて、天明は昭和19年6月10日、「天之日津久神社」参拝後の麻賀多神社社務所において日月神示の初発を自動書記したのであるが、その直後、実に不思議なことが起こっている。

このことはほとんど知られておらず、黒川柚月氏の『岡本天明伝』（ヒカルランド）にサラリと書かれているだけではないかと思われる。以下、同書を参考にしてその模様を再現して見よう、

自動書記を終えた天明が社務所の前で一息ついていると、近所に住んでいるという農家の老婆が現われた。天明が東京から来たことを聞いた老婆は大変喜んで、何と社務所をこじ開けて中に入り、お神酒の残りを取り出して来たのである。

老婆は天明にお神酒を奨めながら、自分も一緒に飲んだ。その後、老婆は天明を麻賀多神社の裏手の道を通って自分の家まで案内し、今度は食事を振舞ったのである。

東京に戻った天明は、後日、老婆にお礼をするために訪ねたのだが、何と摩訶不思議なこと

に、神社の裏にはその時の道も老婆の家も何もなかったのである。

右の話は岡本天明の個人的体験であり、この話が客観的事実だったかどうかを第三者が確認することは出来ない。と言うより右の「(再度訪ねた時）神社の裏にはその時の道も老婆の家もなかった」を読めば、この話は天明が自分の体験を大きく（そして神秘的に）見せるためにでっち上げた作り話だと言う者がいてもおかしくないだろう。

しかし私は、これは神が天明を労《ねぎら》うために行った霊的な出来事であったと思っている。

天明が「神がお酒で自分を釣っている」ことに気付いて「天之日津久神社」に参拝し、その後「麻賀多神社」の社務所前で休憩していた時に、強制的な力が働いて日月神示初発の自動書記が始まったことは何度も述べて来た。

では、日月神示の初発が無事降ろされた後、「酒」で釣ってわざわざ天明を呼び寄せた神が何もしなかったのであろうか？　神の立場に立って見れば、「天明よく来てくれた、御苦労である。これから次々に神示を降ろすからしっかり頼むぞ」という意味で、何らかの「カタチ」を示すことは十分あり得るのではないだろうか？

私は「あり得る」と思っている。何故なら日月神示の中に、神が「因縁の身魂」たちの奉仕や努力を労《ねぎら》う記述がかなり多く登場しているからである。神であっても、決して「因縁の身魂」たちに「やらせっ放し」ではないのである。

ここで、前記に登場した「老婆」を「神（または神の使い）」が化身《けしん》して現われたと考えれば、話の筋が極めてよく通ることに気付く。つまり、神（または神の使い）が老婆に化身して天明の前に現われ、「酒」で釣った天明に「酒」を振舞うため、社務所をこじ開けて「お神酒」の残りを取り出して来たのは、天明を労うためであったと考えればピタリと辻褄《つじつま》が合うのである。

もっとも農家の老婆が勝手に社務所をこじ開けてお神酒を取り出すなどは不自然（或いは不謹慎）極まりない気もするが、これが神（または神の使い）の仕業だと考えれば何の問題もない。元々お神酒は神への捧げものであるからだ。

注：当時の（公津村台方の）麻賀多神社には神主が常駐しておらず無人であった。麻賀多神社はその地域に複数存在しており、神主がいたのは別の麻賀多神社であった。

そしてもう一つ、麻賀多神社の裏の道を通って老婆の家に行き、そこで食事までご馳走になったことと、後日、お礼のために再訪した時にはその道も家も何もなかったという件《くだり》であるが、これも天明の作り話ではなく、やはり「霊的な体験」として事実であったと思われるのである。つまり、天明が老婆の家まで行って食事をご馳走になったのは事実であるが、それは天明が神の導きにより「異次元世界」のような所に入って起きたことではなかったか？　と考えられるのである。であればこそ、再訪した時「この世」には何もなかったということになる。

読者からは「お前、それはいくら何でも話が飛びすぎだ。天明が異次元に入ったとか何とか勝手な妄想だろう」と言われるかも知れない。確かに物的証明は出来ないが、私にはこれが真実であるという妙な確信があるのだ。

妄想ついでにもう一つ言えば、老婆に化身した「神（または神の使い）」とは、天明に憑かって自動書記をさせた神霊（龍神？）と同一存在（または同族）だったのではないだろうか？こう考えれば全体の流れがさらによく理解出来るのである。

第一、地元の老婆が社務所をこじ開けてお神酒を取り出し、それを初対面の天明に飲ませて自分も飲み、それだけでは足りず家まで連れて行って食事を振舞うなど、普通ならまずあり得ないことではないか？

しかしこの老婆が天明に自動書記をさせた神（または神の使い）と同一存在か同族であるならば、全体の流れが何の矛盾もなく一貫し、極めて「あり得る話」になると思うのだ。何と言っても、地上世界の日本に「日月神示」という稀有《けう》の神典が降ろされたのであるから、これは神仕組上最重要な一歩であったのである。


それでも天明が「異次元世界（のような所）」に入ったという話には、抵抗を感じる読者がいるだろう。また仮にそんな所に入ったとすれば、少なくとも通常とは違う「何か」を感じるはずではないか？　という疑問もあると思う。

このことに答えるために、私自身の「異次元体験（のようなこと）」を披露したいと思うが、その話は次の節で述べることにしたい。

〈私と妻の「異次元体験（のようなこと）」〉

１９９０年代の半ば、私は三重県にある陸上自衛隊「明野《あけの》駐屯地」に勤務していた。これから述べる「異次元体験（のようなこと）」はこの時期つまり私が現役の自衛官だった時の話（体験）である。当時の私は既に「日月神示」との出会いを果たしており、個人的にこの神示を勉強していた頃である。

ある休日のこと、とても天気がよかったので、妻と二人で松阪市西方の山間道へドライブに行った。とある峠まで来ると車が数台停まれるほどの駐車場があり、道路を挟んだ反対側に登山道があった。その山は「堀坂山」と表記され「ほっさかさん」とか「ほっさかやま」と呼ばれているものだった。

標高757メートルだが、峠にある登山口から頂上まではそれほど比高差がなく、初心者でも無理なく登れるような感じであった、案内板を読むと、頂上からの眺望は絶景であると書かれていた。

何気《なにげ》に登って見ようと決めて登山道に入った所、そこには立派な「鳥居」があり、それをくぐって行くようになっていたことから、信仰の山であることが分かった。

登山道は一本道で迷う心配もなく、順調に登って行った。20分くらい経った頃、登山道のすぐ右側が少し開けていて、そこには高さ2メートルほどの仏像（阿弥陀如来像）とそれより小さい地蔵、それに石塔が鎮座していた。これを見て、なるほどやはり信仰の山なのだと感じ入った。またこの仏像は登山道の中間付近にあったので、丁度良い目印にもなると思った。

登り始めて40分ほどで山頂に着くと、そこからの眺めは確かに絶景であった。眼下に伊勢平野が開け、その向こうには伊勢湾の穏やかな海面が光っている。また山頂中心部には石垣があり、一番上に石の祠《ほこら》があった。祀られているのは「堀坂山大権現」だとされているが、別名を「富士大権現」とも称しているので、どうも根っこには「富士山信仰」があるように思われた。

と言うことで、ここまでは何の問題も不思議なこともなく進んだのだが、例の「異次元体験(のようなこと)」は、この後、下山する途中で起こることになる。

十分に景色を堪能し、祠を参拝して下山を開始した。一本道だから下りのルートも心配することは何もないはずだった。下り始めて10分ほど過ぎた時、一人の若い男性が同じ道を登って来たので軽く挨拶を交わした。結構、登山する者がいるようである。

もう少し行けば例の仏像があるはずだから、あと半分ちょっとだな、とそんなことを考えながら下って行ったのだが、しかし……、あれあれ、あれれれれ……目印としていたあの仏像がない、見当たらない。時間的にも距離的にも「そこにあるはずの仏像」がないのだ。

もう少し先かも知れないと思ってなおも下ったが、やはり見当たらない。下り出して30分ほど経過してもない。おかしい、道に迷ったか⁉ と一瞬思った。しかし、そんなはずはない、登山道は一本道のはずだ。そう思いつつも少し背筋が寒くなった。

このまま下っていいのか？ という不安もあったが、目に見える道は一本だけだ。引き返せばまた登ることになる。不安を抱えながらなおも数分行くと、あれ、あれれれれ……十数メートル下に自分の車が見えて来たではないか。そこは間違いなく登山前に車を止めた駐車場であった。登山道入り口の「鳥居」もちゃんとある。つまり元の場所へ戻って来たのである？？？？？？

私と妻は顔を見合わせて呆気《あっけ》にとられた。一体何がどうなっているのか？ 理屈で考える限り、帰り道に仏像がなかったのは、実は登山道が二本（以上）あって、我々は無意識のうちに別の道を下りて来たのであろうという以外に説明のしようがなかった。

しかしここで、直感力に優れている妻がこうも言うのだ。「お父さん、ひょっとして異次元を通って来たんじゃない？」と。そんなバカなと思いつつ否定する根拠もなく、その日はそのまま帰ることにした。

それから数週間後、私たちはあの時の不思議な出来事を検証するために、もう一度同じ山に登ることにした。今度は登る途中の要所要所に目印のヒモを木に結び付け、下りも絶対に同じ道を通れるようにした。それと同時に別の登山道（脇道）がないか、往復とも注意深く周囲を観察しながら探して見たのである。

結果は？　そう、やっぱり一本道だった。別の道も分岐する地点も何もない。勿論今度は、下山途中で例の「仏像」とちゃんと「再会」出来たのである。

しかしこうなると、前回のあれは一体何だったのか？　と益々謎が深まるばかりであった。あの時、私たちは一体何処を通って下山したのだろうか？　見間違いも見落としもするはずがない仏像を、しかも「そろそろ仏像があるはずだ」と意識しながら下山して行ったのに「なかった」のであり「見当たらなかった」のだから……。そしてその道は一本道だった……。

とすれば、やはり私たちは「異次元世界？」を通った（通らされた）のであろうか？　どうも、そう考える以外にないような気がする……。

とまあ、このような体験であるが、これが真実の体験であることは私の責任において断言する。神に誓って作り話などではない。

この体験から分かることが一つある。それは「異次元世界?」に入った(入らされた)ことの理由は不明だが、そのような所に入った(また、そこから出た)という感覚も自覚も全くなかったことである。「異次元世界?」ならこの世とは異なる「何か」があるのではないか?と思う所だが、あの仏像がなかったこと以外には本当に何もないのだ。いつの間にか入り込み、いつの間にか出ていたとしか言いようがないのである。

ところで先に、最初の自動書記を終えた岡本天明が謎の老婆と出会い、お神酒を振舞われ、老婆の家で食事までご馳走になったことを説明した。その後、天明がお礼のため再度現地を訪れた時は、老婆の家もそこに通じる道もなかったことも述べた。

これが天明の実体験であるなら、それは「異次元世界?」で起こったことではないか?と推論したが、そのように思った根拠の一つが今回取り上げた私(と妻の)不思議体験なのである。どちらも「異次元世界?」を想定すれば、一応矛盾なく説明することが出来るからだ。

このような訳で、私は岡本天明と老婆との出会いは、実際にあったことだと考えている。

私の話は以上であるが、最後に「堀坂山」について詳しく紹介しているウエブ・サイトがあったので、参考までにＵＲＬを貼り付けておこうと思う。（まだ削除されていなければ）登山道の様子や入り口の鳥居、例の仏像、頂上からの眺め、石の祠などの画像を見ることが出来るので、是非アクセスして見て頂きたい。私の話の内容が少しは具体的にイメージアップ出来ると思うので。

このサイトへの投稿者には感謝申し上げる、私も当時を懐かしく回顧することが出来た。

https://matsusaka-2shin.com/hossakasan-hossakatouge/

〈第四巻「龍音《りゅうおん》之巻」あとがき　了〉

内記正時　ないき まさとき

昭和二十五年生、岩手県出身。祖父、父とも神職の家系にて幼少期を過ごす。昭和四十年、陸上自衛隊に入隊。以来40年間、パイロット等として防人の任にあたる傍ら、50回以上の災害派遣任務を完遂。平成十七年、２等陸佐にて定年退官。

平成三年、日月神示と出合い衝撃を受けるとともに、日本と日本人の使命を直感、妻と共に二人三脚の求道、修道に入る。導かれるままに、百を超える全国の神社・聖地等を巡り、神業に奉仕する。現在は、神職、古神道研究家として、日月神示の研究・研鑽にあたる。

主な著書に『ときあかし版［完訳］日月神示』『奥義編［日月神示］神一厘のすべて』『秘義編［日月神示］神仕組のすべて』（いずれもヒカルランド）などがある。

岡本天明　おかもと てんめい

明治三十年（一八九七）十二月四日、岡山県倉敷市玉島に生まれる。

青年時代は、名古屋新聞、大正日々新聞、東京毎夕新聞などで新聞記者生活を送る。また太平洋画会に学び、昭和十六年（一九四一）、日本俳画院の創設に参加。

米国、南米、イスラエル、東京、大阪、名古屋などで個展を開催。

『俳画講義録』その他の著書があり、昭和二十年（一九四五）頃から日本古神道の研究を始め、『古事記数霊解』及び『霊現交流とサニワ秘伝』などの著書がある。

晩年は三重県菰野《こもの》町鈴鹿山中に居を移し、画家として生活していた。

昭和三十八年（一九六三）四月七日没す。満六十五歳。

岩戸開き ときあかし❹

日月神示の奥義【五十黙示録】第四巻「龍音之巻」(全十九帖)

第一刷 2024年3月31日

解説 内記正時

原著 岡本天明

発行人 石井健資

発行所 株式会社ヒカルランド

〒162-0821 東京都新宿区津久戸町3-11 TH1ビル6F

電話 03-6265-0852 ファックス 03-6265-0853

http://www.hikaruland.co.jp info@hikaruland.co.jp

振替 00180-8-496587

本文・カバー・製本 中央精版印刷株式会社

DTP 株式会社キャップス

編集担当 TakeCO

ISBN978-4-86742-244-1

ヒカルランド　好評既刊！

地上の星☆ヒカルランド　銀河より届く愛と叡智の宅配便

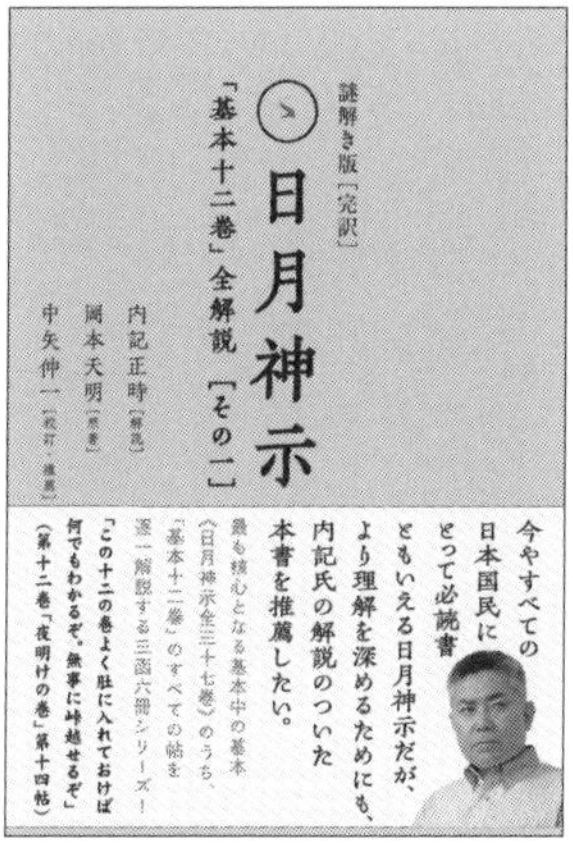

謎解き版［完訳］⦿日月神示
「基本十二巻」全解説［その一］
著者：岡本天明
校訂：中矢伸一　解説：内記正時
四六判箱入り全二冊　本体5,500円+税

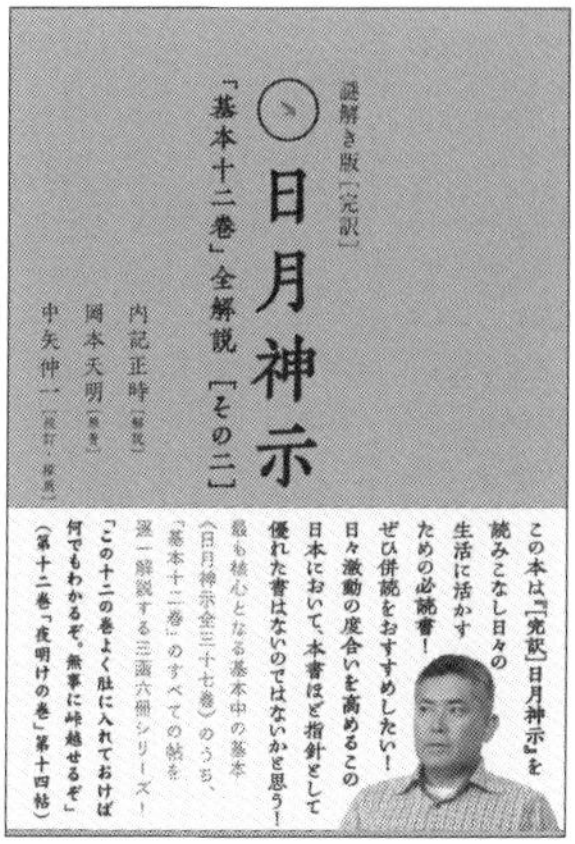

謎解き版［完訳］⦿日月神示
「基本十二巻」全解説［その二］
著者：岡本天明
校訂：中矢伸一　解説：内記正時
四六判箱入り全二冊　本体6,200円+税

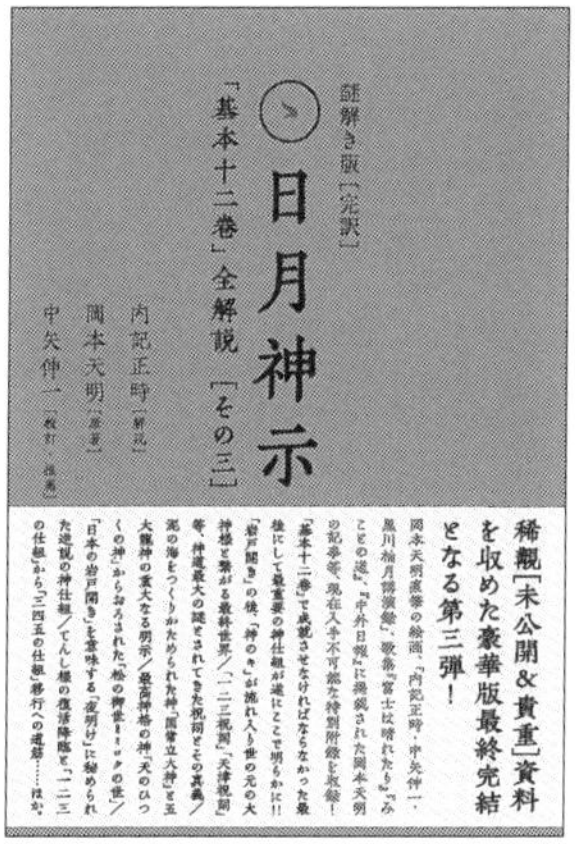

謎解き版［完訳］⦿日月神示
「基本十二巻」全解説［その三］
著者：岡本天明
校訂：中矢伸一　解説：内記正時
四六判箱入り全三冊　本体8,917円+税

こちらの三巻セットは以下７冊として順次刊行していきます。
『［完訳］日月神示』のここだけは絶対に押さえておきたい。
艮の金神が因縁の身魂に向けて放った艱難辛苦を超えるための仕組み！『謎解き版［完訳］日月神示』の普及版全６冊＋別冊のシリーズ本！

大峠と大洗濯　ときあかし①
日月神示【基本十二巻】第一巻　第二巻
大峠と大洗濯　ときあかし②
日月神示【基本十二巻】第三巻　第四巻
大峠と大洗濯　ときあかし③
日月神示【基本十二巻】第五巻　第六巻
大峠と大洗濯　ときあかし④
日月神示【基本十二巻】第七巻　第八巻
大峠と大洗濯　ときあかし⑤
日月神示【基本十二巻】第九巻　第十巻
大峠と大洗濯　ときあかし⑥
日月神示【基本十二巻】第十一巻　第十二巻
大峠と大洗濯　ときあかし⑦
日月神示　稀覯【未公開＆貴重】資料集

内記正時×黒川柚月×中矢伸一

ヒカルランド　好評既刊＆近刊予告！

地上の星☆ヒカルランド　銀河より届く愛と叡智の宅配便

岩戸開き　ときあかし❶
日月神示の奥義【五十黙示録】
第一巻「扶桑之巻」全十五帖
解説：内記正時
原著：岡本天明
四六ソフト　本体2,000円+税

岩戸開き　ときあかし❷
日月神示の奥義【五十黙示録】
第二巻「碧玉之巻」全十九帖
解説：内記正時
原著：岡本天明
四六ソフト　本体2,000円+税

岩戸開き　ときあかし❸
日月神示の奥義【五十黙示録】
第三巻「星座之巻」全二十四帖
解説：内記正時
原著：岡本天明
四六ソフト　本体2,000円+税

岩戸開き　ときあかし❺
日月神示の奥義【五十黙示録】
第五巻「極め之巻」全二十帖
解説：内記正時
原著：岡本天明
四六ソフト　予価2,000円+税